KB154642

뷰티풀 젠더

뷰티풀 젠더

아이리스 고틀립 | 노지양 옮김

까치

역자 노지양(魯知良)

연세대학교 영어영문학과를 졸업하고 KBS와 EBS에서 라디오 방송 작가로 활동했다. 에세이 『먹고사는 게 전부가 아닌 날도 있어서』를 썼으며, 『케어』, 『그런 책은 없는데요…』, 『헝거(몸과 허기에 관한 고백)』, 『나쁜 페미니스트』, 『여자라는 문제』, 『싱글 레이디스』, 『믿을 수 없는 강간 이야기』 등 80여 권의 책을 우리말로 옮겼다.

편집, 교정_김미현(金美炫)

뷰티풀 젠더

저자/아이리스 고틀립

역자/노지양

발행처/까치글방

발행인/박후영

주소/서울시 용산구 서빙고로 67, 파크타워 103동 1003호

전화/02 · 735 · 8998, 736 · 7768

팩시밀리/02 · 723 · 4591

홈페이지/www.kachibooks.co.kr

전자우편/kachibooks@gmail.com

등록번호/1-528

등록일/1977. 8. 5

초판 1쇄 발행일/2020. 7. 30

값/뒤표지에 쓰여 있음

ISBN 978-89-7291-718-2 03330

이 도서의 국립중앙도서관 출판예정도서목록(CIP)은 서지정보유통지원시스템 홈페이지(http://seoji.nl.go.kr)와 국가자료공동목록시스템(http://www.nl.go.kr/kolisnet)에서 이용하실 수 있습니다. (CIP제어번호 : CIP2020029286)

차례

알고 싶어서 애쓰는 우리 모두에게(그리고 나의 반려견 버니에게)

서문 메러디스 탈루산[*]

우리는 젠더를 항상 "보고" 있다. 적어도 우리가 만든 관점으로 보고 있다. 우리는 그것이 실제가 아니라 우리가 만든 인식이라는 것을 종종 잊지만, 젠더는 우리 삶에 막대한 영향력을 행사한다. 트랜스와 논 바이너리 정체성에 대한 최근의 관심은 수백 년간 차별을 견뎌온 집단에 대한 존중을 증폭시켰을 뿐만 아니라, 시스젠더를 포함한 모든 이들에게 젠더가 있다는 것이 어떤 의미인지를 고찰하는 계기를 만들어주었다. 이 책은 우리 삶의 가장 중요한 요소인 젠더가 무엇인지를 밝힌다. 젠더란 우리를 통제하지 않고, 우리가 통제할 수 있는 사회 관습이며 협약이다.

이 책 『뷰티풀 젠더』가 몇 년 전의 내 손 안에 있었다면 얼마나 좋았을까. 그랬다면 성전환을 할 때에 이 책을 나의 부모님과 친구들에게 건넸을 것이다. 대명사가 불편하다고 아버지가 불평하면? 이 책의 대명사 부분에 책갈피를 꽂아 선물했을 것이다. 내가 다른 여자아이들처럼 여자답게 꾸미지 않는다고 엄마가 말하면? 젠더 역할 부분의 귀퉁이를 접어서 보여주었을 것이다. 친구가 근심 어린 표정으로 굳이 그 고통스러운 수술을 해야 하느냐고 말하면? 트랜스들에게 수술이 어떤 의미인지를 차근차근 짚어주는 부분을 펼쳐 보일 것이다. 이 책이 존재했더라면 나는 수많은 수고와 눈물을 아꼈을 테고 그래서 지금이라도 우리 곁에 이런 책이 생겨서 설레고 기쁘다.

그러나 그저 성소수자들의 좋은 친구가 되고 싶어하는 이들이나 그들의 인권을 지지하는 앨라이[**]에게만 이 책을 추천하고 싶지는 않다. 이 책은 트랜스나 논 바이너리만을 위한 책이 아니라 젠더와 모종의 관계를 맺고 있는 사람, 즉 당신이 아는 모든 사람, 그리고 당신을 위한 책이다. 역사적으로 서구 사회의 젠더 구조는 유럽 혈통 남성들의 편의와 이익을 위해서 기능했으며, 아직도 이 사회에 만연한 전통의 잔재가 우리 모두를 억압하고 있다. 전근대적인 젠더 개념은 우리의 의식과 행동을 지연시켜 하고 싶은 대로

---

[*] 필리핀에서 소년으로 자랐지만 미국에서 여성으로 살게 된 작가/옮긴이. 이하 •는 옮긴이의 주, 숫자는 저자의 주이다.
[**] ally : 성소수자 인권을 지지하는 사람

행동하지 못하게 하며, 원하는 사람이 되지 못하게 한다.

이 책의 또다른 강점은 아이리스 고틀립의 영리하고 산뜻한 일러스트이다. 고틀립의 일러스트는 우리가 지금 이야기하고 있는 주제가 관념적 현상으로서의 젠더가 아니라 바로 여기 인간의 삶이라고 느끼게 한다. 이를 통해서 젠더 공부는 더 쉽고 재미있어지고, 우리는 젠더 개념이 늘 어려운 것만은 아님을 알게 된다.

학문적으로 젠더를 공부한 사람이건 생활 속에서 젠더를 탐구한 사람이건 모두가 이 책에서 무궁무진한 배울 거리를 발견할 수 있을 것이다. 하이힐과 분홍색이 원래 남자의 색이었다는 사실을 아는가? 점점 더 다양해지는 이 지구상의 젠더와 섹슈얼리티를 시각적으로 표현할 도구가 필요한가? 데이비드 보위가 얼마나 매력 있는 사람인지 다시 확인하고 싶은가? 광범위하고도 구체적인 지식을 제공하면서도 소화하기 쉽도록 잘게 잘라놓았다. 그러니 이 책을 커피 테이블 위에 놓고 필요할 때마다 쏙쏙 꺼내서 섭취하시기를.

이 책을 읽다 보면 젠더에 대한 오해를 하나둘씩 바로잡고 이 안에 함축된 의미를 깊게 이해하게 된다. 젠더를 있는 그대로 보면서 젠더가 우리 삶에 미치는 영향력을 수동적으로 받아들이지 않고 그것에 도전할 수 있다고 생각하게 된다. 젠더를 본다는 것, 그러니까 눈과 마음을 열고 본다는 것은 미래로 가는 길에 첫발을 내딛는 행위라고 할 수 있다. 그 미래란 누구나 자기 자신으로 자유롭게 살 수 있는 세상이다.

들어가며

인간사의 모든 측면이 복잡한 것처럼 젠더도 복잡하다. 인간이 젠더를 발명했으므로 역시 인간인 우리가 최선을 다해서 젠더를 이해해보기로 하자.

젠더학을 전공한 사람은 아니지만 나에게는 젠더와 신체가 있으며 이는 여러분도 마찬가지일 것이다. 지금 이 페이지를 읽고 있는 모든 사람들이 젠더화된 세계에서 단 하나의 몸으로 살아왔다. 사실 나는 개인적으로 일신상의 큰 변화를 겪으면서 이 책을 써야겠다는 열망에 사로잡혔다. 그전까지만해도 내 젠더에 대해서 가급적 무심하려고 노력했지만, 감정적, 신체적 전환기를 헤쳐 가면서 이 주제에 대해서 어느 누구보다 깊이 발을 담그게 되었다. 그림 그리는 재주 덕분에 내 몸이 겪은 체험을 기록할 수 있었고, SNS가 있어서 매우 개인적이고 예민한 주제를 많은 이들과 공유할 수 있었다. 젠더의 많은 부분이 시각 중심적이기 때문에 이 추상적이고 무정형인 개념을 세계 공통의 언어인 그림으로 전달하는 것이 적절해 보였다.

이 책은 다음과 같은 책이다.

○ 젠더 입문서 : 젠더 표현의 역사와 그 방대하고도 복잡한 세계를 보다 쉽게 이해하게 한다.

○ 독학 교재 : 나의 젠더에 대해서 편견없이 탐사하고 타인의 경험에 대해서 연민과 이해심을 가지며, 교차성의 속성을 숙고하게 한다.

○ 정체성 고찰 : 한 사람 안에 공존하는 다양한 정체성(인종, 계급, 젠더, 성적 지향, 정신 건강)이 더 큰 사회 구조 안에서 젠더와 어떻게 관계를 맺는지 들여다본다.

○ 나와 사람들의 이야기 : 나의 젠더 이야기와 그것의 변화 과정을 나누고 다양한 사람들의 젠더 정체성, 고충, 생각, 경험을 전하고 싶다. 중간 중간 옷을 무척 잘 입는 사람들이 소개될 것이다.

○ 확신과 용기를 주는 책 : 이 세상이라는 미로에서 자기 자신을 찾아가는 일은

언제나 어렵고 막연하며 두렵다. 이때 다른 사람들 안에서 내 모습을 발견하고 나만 소외된 경험을 하는 것이 아니라는 사실을 알면 매우 큰 힘이 된다. 퀴어, 트랜스젠더, 무성애자, 확신하지 못하는 사람, 자신을 의식하는 사람들이 이 책을 보면서 혼자가 아니라고 느끼게 하고 싶다.

책을 쓰면서 젠더 이분법 바깥의 사람들을 한 번도 만나지 못한 사람이라도 그들에 대한 이해와 연민을 조금씩 쌓을 수 있도록 돕고 싶었다. 그래서 개인적인 이야기도 털어놓고, 다양한 상식과 역사를 선별해서 전달하고 혁명적인 사건과 사람들을 예찬했다. 또한 젠더를 구현하는 것이 얼마나 어려운지도 드러내고자 했다. 가장 암울한 순간의 슬픔과 좌절을 직시해야 가장 긍정적이고 빛나는 순간에 진정한 환희를 느낄 수 있기 때문이다.

이 책의 목적은 다가가기 쉽고 아름다운 형식을 이용해 거대하고 복잡한 주제에서 파생된 정보를 간결하게 정리하고, 그 정보를 되도록 비전문적이고 교차적인 관점으로 서술하는 것이다. 이 안에는 꽹장히 개인적인 내용들도 있으니 그렇게 읽고 해석해주기를 바란다. 한 사람의 몸에서 일어나는 모든 감정과 경험은 개별적이고 개인적이다. 가능한 한 많은 관점을 포용하려고 노력했지만 어떤 목소리는 생략되거나 부정확하게 그려질 수 있음도 잘 알고 있다. 이 책을 읽고 자신의 이야기가 담겨 있지 않다고 생각하는 분이 있다면 무척 죄송하다. 내가 그런 지적을 통해서 또 하나를 배울 수 있기를 소망한다.

안녕하세요
저를 소개합니다

이름 아이리스 고틀립

나이 30세

호칭 결정하는 중입니다. 그러나 현재는 '그녀, 그녀의, 그녀를'이 적합하겠습니다.

출신 노스캐롤라이나 주, 더럼

인종 백인

젠더 정체성 소년(지금은 그렇습니다)

좋아하는 아이스크림 쿠키 앤 크림

직업 일러스트레이터, 작가, 과학자, 불평쟁이, 애니메이터, 실없는 농담하기 대장

아끼는 물건 4,000개의 상어 이빨 수집품

시작은 이렇게

젠더는 사회적 산물이다

인간이 젠더를 발명했다

우리는 문자 언어를 발명했고 수학과 종교, 인종과 시간 측정법도 발명했다. 이러한 개념은 유용하고 중요하지만, 인류라는 범위 안에서만 존재한다. 젠더와 관련된 규범을 깨야 하는 이유는 그것들이 실제도 아니고 해로운 경우가 많기 때문이다. 젠더 규범을 무조건 따르지 않으면 필요에 의해서 정해진 젠더에서 한 발자국 떨어져 모두가 부끄러움과 두려움 없이 자신이 원하는 몸으로 살아가는 삶, 원하는 사람을 사랑하고 원하는 옷을 입는 삶으로 다가갈 수 있다.

때로는 기존의 발명을 버리고 발명하기 이전으로 돌려야 하기도 한다……아니면 적어도 시도는 해볼 수 있지 않을까.

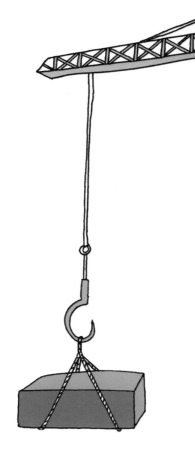

태어나기 전부터 젠더화되다

젠더는 우리가 어떤 사람을 보자마자 수집하는 최초의 정보이며 외부 세상이 우리를 인지하기 위해서 던지는 최초의 질문이다. 이 질문은 우리가 태어나기 전부터 시작되고, 그 이후에도 계속된다.

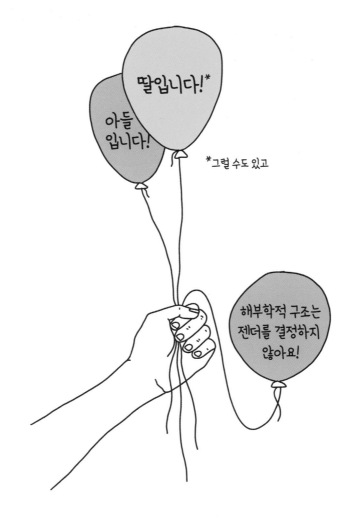

온도가 성별을 결정하다
아기 바다거북에 관한 놀라운 사실

생물 종의 성별은 대부분 수정될 때에 결정된다. 그러나 아기 바다거북(그리고 파충류 일부)의 성별은 수정된 알(난자)이 놓인 장소의 온도에 따라서 결정된다. 알 주변의 모래가 섭씨 28도보다 낮게 유지되면 대체로 수컷이 태어난다. 섭씨 31도보다 높은 온도가 유지되면 암컷이 태어난다. 기온이 오락가락하면 암컷, 수컷이 섞여서 태어난다.

기후 변화 때문에 모래의 온도가 점점 올라가면서 수컷과 암컷의 성비가 불균형해져 번식은 더 어려워지고 있다.

기본 용어 설명

대명사(Pronouns) 자신의 정체성과 일치하며, 타인이 자신을 이를 때에 사용해주기를 원하는 대명사(그녀/그녀를, 그가/그를, 그들이/그들을, 지[ze]/지어[zir]*). 상대가 선호하는 대명사로 그들을 부르는 것은 선택이 아니다. 존중이고 의무이다.

동성애(Homosexual) 육체적, 감정적으로 같은 성에 끌리는 사람. 주의 : 이 단어는 최근에는 자주 쓰이지 않는다. 현재는 퀴어, 게이, LGBTQ+가 적절한 용어로 여겨진다.

드래그 퀸/드래그 킹(Drag queen/king) 여성복을 입는 남성이나 남성복을 입는 여성. 대체로 재미를 위해서 꾸미는 것이다. 드래그 퀸/드래그 킹은 퀴어 혹은 게이 공동체와 깊은 관련이 있지만, 드래그 퀸이나 드래그 킹이 되는 것이 반드시 그 사람의 성적 지향을 반영하지는 않는다.

무(無) 로맨틱(Aromantic) 타인에게 낭만적 끌림을 느끼지 않거나 욕구가 적은 사람(이것은 스펙트럼이다)

무성애(Asexual) 성적인 끌림을 느끼지 않거나 성관계에 대한 욕구가 없는 사람. 모든 무성애자가 무 로맨틱은 아니다(성적 끌림과 낭만적 끌림은 다르다). 또한 무성애는 금욕주의와도 다르다. 금욕은 성관계를 맺지 않겠다고 자발적으로 선택하는 것이다. 무성애자는 그렇지 않다.

부치(Butch) 보통은 여성으로 태어났지만 스스로를 정신적, 감정적 그

---

* 옥스퍼드 대학교가 제안한 성(性) 중립성을 나타내는 단어

리고/혹은 신체적으로 남성(MoC : Masculine of Center)이라고 여기는 사람을 일컫는다. MoC란 옷을 입는 방식 그리고/혹은 습관, 행동 등이 전통적인 남성에 가까운 사람이다. (사실 이 용어는 약간 이상하게 느껴지는데, 용어 안에 '중심[center]'이라는 단어가 들어갔기 때문이다. 그러나 MoC는 여성스럽지 않게 자신을 표현하는 사람들을 가리키는 포괄적인 용어로 쓰인다.)

생물학적 성(Biological sex) 생식기, 이차 성징, 염색체, 호르몬 등의 외적인 특성. 이것은 이분법으로 나누어지지 않고, 일부 과학자들은 연속체라고 주장하기도 한다.

성별 불쾌감(Gender dysphoria) 자신의 신체 구조와 젠더 정체성이 동일하지 않을 때 느끼는 감정

시스젠더(Cisgender) 출생 시의 지정 성별과 젠더 정체성이 일치하는 사람

양성애자(Bisexual) 남성과 여성에게 끌리는 사람. 한 젠더 이상에게 낭만적 끌림을 느끼거나 같은 젠더와 다른 젠더에게 끌리는 사람

에이젠더(Agender) 어떤 젠더 정체성으로도 정체화하지 않은 사람

이성애(Heterosexual) 젠더 이분법/이성애 정상성 안에서 자신의 젠더와 다른 젠더에 육체적, 감정적으로 끌리는 사람

이성애 정상성(Heteronormativity) 처음에는 모든 사람이 이성애자라는 가정을 설명하는 용어였으나, 이제는 정의가 확장되어 젠더에 대한 모든 가정을

아우른다. 이성애 정상성은 제도나 시설로 나타나기도 하고(젠더 중립적인 공공 문서나 젠더 중립적 화장실이 마련되지 않는 것), 사회, 문화적으로 나타나기도 한다(남성으로 보이는 사람에게 당연하다는 듯이 "여자친구 있어요?"라고 묻거나 싱글 남성 파티에 성기 모양을 한 과자들을 아무렇지 않게 놓는 것).

인터섹스(Intersex, 이전에는 자웅동체나 남녀한몸[hermaphrodite]으로 지칭) "생식기나 성적 해부학적 구조가 전형적인 남성과 여성의 정의에 맞지 않는 몸으로 태어난 사람들의 다양한 상태를 지칭할 때에 쓰는 용어" — 북아메리카 인터섹스 협회(Intersex Society of North America)

젠더 이분법(Gender binary) 남성과 여성이라는 두 젠더만 존재한다는 관점

젠더 정체성(Gender identity) 내면에서 느껴지는 자신의 젠더. 젠더 표현이나 지정 성별과는 다를 수 있다. 예 : 여성, 남성, 트랜스젠더, 젠더퀴어, 에이젠더 등

젠더퀴어(Genderqueer) 젠더 이분법에 따라서 자신을 정체화하지 않는 사람. 젠더 플루이드, 에이젠더, 비관행적 젠더를 포함하는 포용적 용어로 자주 쓰인다.

젠더 표현(Gender expression) 어떤 사람이 옷이나 사회적 행동 그리고/혹은 태도를 통해서 자신의 젠더를 드러내는 방식

젠더 플루이드(Gender fluid) 젠더는 고정되어 있지 않고 스펙트럼 위에서 다

양하게 존재하며 유동적으로 표현됨을
뜻하는 용어

지정 성별(Assigned sex) 출생 시 부여
된 성. 보통은 그 사람이 양육되는 젠
더 정체성과 부합한다. 그 사람의 젠더
정체성과는 일치할 수도 있고 일치하
지 않을 수도 있다.

퀴어(Queer) 이성애자 그리고/혹은 시
스젠더가 아닌 모든 젠더를 포괄적으
로 지칭하는 용어

트랜스젠더(Transgender) 젠더 정체성
이 지정 성별과 다른 사람을 가리키는
용어

투 스피릿(Two-spirit) 캐나다 원주민
중에서 제3의 젠더를 가진 사람(남성
적 에너지와 여성적 에너지가 공존하는
사람), 여러 개의 젠더를 가진 사람, 혹
은 서구 사회의 성적 지향과 젠더 이분
법 바깥에 존재하는 정체성을 가진 사
람을 포괄적으로 지칭하는 용어

팜므(Femme) 정신적, 감정적, 그리고/
혹은 신체적으로 자신을 여성으로 정
체화하는 사람. 주로 퀴어 여성에게 적
용된다.

참고 흔하게 쓰이는 '여성의 몸'과 '남
성의 몸'이라는 용어는 신체를 이분화하
기 때문에 적절한 용어가 아니다. 그러
나 간단명료한 용어가 아직 없기 때문에
이분법적 맥락 바깥에 존재하는 몸에 대
해서 말해야 할 때에 종종 이 용어를 사
용할 것이다. 물론 이 주제가 훨씬 더 복
잡하다는 사실은 나도 알고 있다.

무한 조합이 가능하다

섹슈얼리티, 젠더, 성적 지향, 젠더 표현, 해부학적 특징은 인간의 정체성 중에서 유동적인 부분이며, 세대를 거쳐서 점점 더 유동적으로 변하고 있다. 이 모든 요소들은 한 사람의 생애 안에서도 계속 변화할 수 있고 수없이 다양한 조합이 가능하다.

섹슈얼리티

△ 무성애
◭ 반성애
⬙ 동성애
▲ 양성애
▲ 범성애
△ 이성애

젠더

◪ 트랜스젠더 여성
혹은 트랜스 여성

⊟ 시스젠더 여성
혹은 시스 여성

■ 젠더퀴어

⊡ 논 바이너리

☐ 에이젠더

◪ 트랜스젠더 남성
혹은 트랜스 남성

⊟ 시스젠더 남성
혹은 시스 남성

젠더 표현

⊙ 양성적
◗ 여성적
◖ 남성적

성별

⬟ 여성
⬠ 남성
⬟ 인터섹스

끌림

✩ 무 로맨틱
★ 동성 로맨틱
✪ 이성 로맨틱
✦ 범 로맨틱

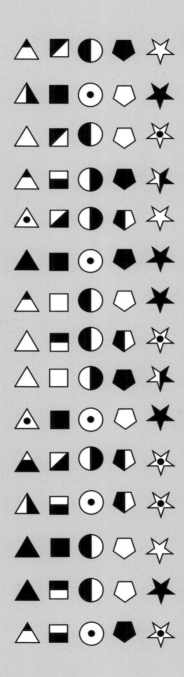

젠더 정체성

젠더 정체성은 우리가 내적으로 자각하는 자신의 젠더이다. '내가 아는 나라는 사람'이라고 할 수 있다. 시스젠더인 사람은 젠더 정체성과 출생 시에 부여된 성별이 일치한다. 트랜스젠더나 젠더퀴어는 출생 시의 지정 성별과 다른 젠더 정체성을 가지고 있다.

예시

- 여성
- 남성
- 에이젠더
- 소년
- 논 바이너리
- 젠더퀴어

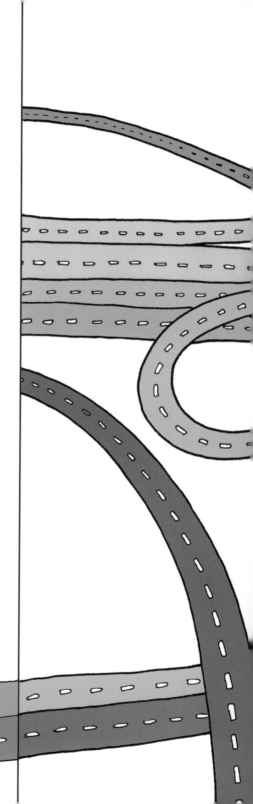

대명사란 무엇이고, 왜 중요한가

우리는 서로를 지칭하기 위해서 대명사를 사용한다. '그녀/그녀를', '그들/그들을' 등이다. 대부분의 사람들은 대명사를 적극적으로 선택하지 않는데, 이는 대명사와 젠더 정체성이 자연스럽게 일치하기 때문이다.

시스 여성의 성별은 여성(female)이고 젠더는 여성(woman)이며 대명사는 '그녀/그녀를'이다.

비관행적 젠더, 트랜스젠더, 에이젠더, 인터섹스는 이렇게 지정된 대명사가 자신의 젠더 정체성에 부합하지 않는다고 느낀다. 상대가 선택한 대명사나 이름을 존중해주는 것이 중요하다(더 이상 사용하지 않는 과거의 이름은 "죽은 이름"이라고 한다). 젠더 스펙트럼 위에 있거나 그/그녀 정체성 바깥에 있는 사람은 문법적으로나 개념적으로 젠더 중립적인 '그들'을 선택하는 경우가 많다. 그러나 많은 사람들이 아래의 이유로 젠더 중립적인 대명사를 써달라는 요청을 거절한다.

- "너무 어려워요."
- "부자연스러워요."

- "그게 그렇게 중요한가요?"
- "문법적으로 틀려요. 복수잖아요."

옳지도 않고 유효하지도 않은 핑계이니 입 밖에 꺼내지도 말 것! 모두가 처음에는 틀리기도 하고 헷갈려하지만 그래도 괜찮다. 그저 노력하는 모습만 보여도 상대는 배려와 존중을 받는다고 느낀다.

누가 위와 같은 핑계를 댄다면 다음과 같은 답변을 추천한다.

- 그렇게 어렵지 않아요. 신혼부부한테는 바로 새로운 성을 붙여 부르잖아요.
- 언어도 진화해요. 이건 언어의 진화입니다.
- 다들 처음에는 '어색하다'고 하지만 점점 익숙해져요. 우리가 언어를 발명했으니까 우리가 바꿀 수도 있죠.
- 당신의 가족이나 친구가 당신이 느끼는 젠더와는 다른 대명사로 당신을 부른다고 생각해보세요. 기분 나쁘지 않을까요?
- 누가 자기(their) 지갑 잃어버렸네? 이봐요, 방금 했어요! 단수인데 복수 'they'를 썼잖아요.

안녕하세요,
제 대명사는…… 입니다.

이 사람들은 모두 논 바이너리입니다.

스포트라이트
데이비드 보위 (1947-2016)

"내가 앞으로 어디로 갈지 나도 모른다. 그러나 한 가지 약속하는 것은 절대 지루해지지 않겠다는 것."

— 데이비드 보위

영국의 전설적인 가수이자 실험적인 예술가인 데이비드 보위는 파격적인 의상, 다양한 젠더 시도, 뛰어난 음악적 성취로 잘 알려져 있다. 그는 글램록(Glam Rock)의 대부로 일컬어지며, 평생 동안 여러 가지 페르소나를 창조한 예술가이기도 했다. 특히 그의 분신이라고 할 수 있는 지기 스타더스트는 화성에서 온 양성애자 록스타로, 머리를 붉게 물들이고 진한 화장을 했으며, 양성적이고 과장된 의상을 입고 혁신적인 무대를 선보였다. 보위는 앨범에 따라서 다양한 페르소나를 창조했으나 그 순간에 어떤 모습이었건 간에 언제나 보위였다.

보위는 특정한 성적 성향에 얽매이지 않은 채 남성성의 틀을 과감히 깬 최초의 슈퍼스타라고 할 수 있다. 그는 젠더와 섹슈얼리티를 자유롭게 탐험하면서 자신만의 독특한 정체성을 확보했다. 그에게 한계란 없었다. 드레스를 입고 페이스페인팅을 했으며, 글리터를 뿌리고 우주복도 입었다. 머리를 원색으로 염색하거나, 하이힐, 블라우스, 립스틱, 실크 스카프, 퇴폐적인 장식품을 시도하기도 했다.

뛰어난 엔터테이너이자 음악과 패션에서 변신의 귀재였던 그는 전 세계 대중문화의 역사를 바꾸었다고도 할 수 있다. 우리는 알렉산더 매퀸부터 레이디 가가, 그리고 젊은 퀴어들이 다양한 시대와 문화에서 패션의 요소를 차용하는 데에서 오늘날 그의 영향력을 확인할 수 있다.

⌃ 야마모토 간사이가 디자인한 전신 슈트

성별 불쾌감

성별 불쾌감이란 당신의 몸이 당신의 젠더 정체성과 일치하지 않을 때에 느끼는 감정이다.

자신이 다른 성으로 잘못 태어났다고 느끼는 사람은 사회적, 신체적 혹은 정신적으로 고통받을 수 있다. 이때 대명사나 이름을 바꾸거나, 스타일을 다르게 하거나, 성전환 수술이나 호르몬 치료를 받아서 신체상의 변화가 나타나면 고통이 완화되기도 한다. 모두 자신의 몸 안에서 편하게 살아가기 위해 시도하는, 절대적으로 존중해야 할 방법들이다.

성별 불쾌감이 얼마나 괴로운지 잘 모르겠다면 다음과 같이 상상해보자. 어느 날 아침 일어나보니 당신의 신체상 특징들과 옷장의 옷들, 당신이 수행해야 할 역할이 당신의 젠더와 불일치한다면 어떨까? 시스젠더 남성인데 가슴이 나오고 월경을 하고 여자 이름으로 불린다면? 아마 심한 스트레스를 받으며 사람들에게 제발 당신의 내적 정체성을 존중하고 그에 맞는 이름으로 불러달라고 부탁하게 될 것이다. 혹은 남성의 몸을 가지기 위해서라면 의료적 개입도 불사하고 싶다고 생각할지도 모른다.

트랜스젠더들은 그들의 정신이 잘못된 몸에 갇혀 있는 느낌이라고 누차 말한다. 그렇게 느끼는 이들이 적지 않기는 하지만, 이 성별 불쾌감도 시간이 흐르면서 결과를 예측할 수 없는 방식으로 더해지거나 변하기도 하며, 앞에서 언급한 사회적, 신체적 변화를 한 가지 이상 시도한 덕분에 나아지기도 한다. 그러나 불쾌감이 전부 없어지지는 않을 수도 있다. 자신의 몸을 편안하게 느끼기 위해서 가슴을 축소 및 확대하거나 제거 수술을 한 시스젠더 여성이 젠더 정체성은 바꾸고 싶지 않을 수 있다. 지정 성별이 여성이면서 비관행적 젠더인 사람(여성으로 태어났지만 남성으로도 여성으로도 자신을 정체화하지 않는 사람)이 테스토스테론 호르몬 치료를 받고 남성의 이차 성징(체모, 굵은 목소리, 넓은 어깨)이 나타난 후에도 남성을 가리키는 대명사는 사용하지 않을 수 있다. 사람들이 자신에게서 편안함을 느끼기 위해서 충족되어야 할 필요와 욕구는 각양각색이다. 크고 급격한 변화를 선호할 수도 있고, 서서히 작은 요소를 추가하면서 변모할 수도 있다. 그리고 이 절차는 얼마든지 변주, 반복될 수 있다.

어린이들이 내 젠더는
태어날 때 정해진 성별과 다르다고 말할 때
믿어주어야 한다.

어린이들이 그 다음날부터
성별을 바꾸고 싶다고 말할 때에도
믿어주어야 한다.

젠더 표현

젠더 표현은 이 사회가 주입하는 전통적인 젠더 역할, 노동의 구분, 차별적인 제도, 문화적 관습과 깊은 관련이 있다. **젠더 표현이 반드시 젠더 정체성을 그대로 반영하지는 않는다는 사실을 기억하자!** 이 사회가 선호하는 상, 안정된 일상의 추구, 안전함에 대한 걱정, 사는 장소, 종교 등이 젠더 표현을 통제하는 이유가 될 수 있다(이에 한정되지는 않지만). 어떤 사람의 젠더는 사회가 그 젠더에 요구하는 관습적인 옷차림과 맞지 않을 수도 있다. 예를 들면 보수적인 지역에 사는 소년은 여성스럽게 꾸미고 싶음에도 그렇게 하지 못할 수도 있다. 또한 드레스 입기를 좋아하는 시스젠더 소년은 드레스를 입어도 여전히 시스젠더 소년일 수 있다.

젠더가 표현되는 다양한 예
- 높은 여성성
- 중성성, 양성성
- 남성성
- 여성성
- 부치

한 사람의 옷장 안에 이 모든 것들이 들어 있을 수 있습니다.

끌림이란 무엇이고,
어떻게 이루어지며, 누구를 향하는가?
젠더 정체성, 섹슈얼리티, 성적 지향의 차이

세 가지를 따로 분류하기가 굉장히 어려울 수 있는데, 이는 우리가 이 세 가지를 하나의 뭉텅이로 보는 경향이 있기 때문이다. 누구나 처음에는 혼란스러울 수 있으니 괜찮다! 이제부터 이 세 가지를 모두 다르게 생각하는 연습만 하면 당신이 누구에게 어떻게 끌리는지에 대해서 새로운 깨달음을 얻을 수 있다.

1. 당신의 젠더 정체성은 무엇인가? 시스젠더 여성? 트렌스젠더 소년, 젠더퀴어? 아니면 아직 확신하지 못하는가?

2. 당신은 누구에게 끌리는가? 모두에게? 당신과 같은 젠더에게? 다른 젠더에게? 아무에게도 끌리지 않는가?

3. 사람에게 어떤 식으로 친밀감을 느끼는 것을 좋아하고 어떻게 관계를 맺고 싶은가? 한 사람에게만 충실한가? 성관계는 전혀 맺고 싶지 않은가? 동시에 여러 명의 연인을 사귀는가? 닫힌 문 안에서(혹은 당신이 선호한다면 문을 열고) 끌리는 사람과 어떤 일을 벌이는가?

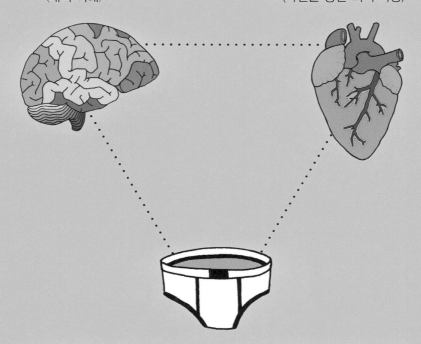

젠더 정체성은 **자아**이다
(내적 이해)

성적 지향은 당신이 **누구**를 욕망하는가에 관한 것이다
(타인을 향한 외적 욕망)

섹슈얼리티는 그 욕망이 **어떤** 모습이고 **어떻게** 이루어지는가에 관한 것이다
(당신이 친밀감을 표현하는 방식)

스포트라이트
프린스 (1958–2016)

"나는 여자가 아니에요. / 남자도 아니죠. / 나는 당신이 이해하지
못하는 무엇이에요."
― 프린스, "I would die 4 U" 가사 중에서

나는 무대에서 보랏빛 광채를 발하는 프린스를 사랑한다. 사실 그는 본명도 프린스이다(전체 이름은 프린스 로저스 넬슨). 재즈 가수였던 아버지의 무대명이기도 한 그의 이름은, 역사상 가장 성공한 팝스타와도, 20세기의 패션 아이콘과도 더 없이 잘 어울린다.

프린스는 손꼽히는 천재 가수이며 다작하는 예술가이기도 했다(42장의 앨범을 발표했고 미발표곡들도 상당히 많다). 그러나 우리가 그를 생각하면서 떠올리는 것은 이색적이고 대담하고 눈치따위 보지 않는 그의 양성적인 패션과 거침없이 드러나는 섹시함이다. 그는 이전까지 대중문화에서 접한 적 없었던 새로운 흑인성이었고 지금까지도 가장 젠더 플루이드한 가수이다. 그는 과감한 의상을 입고 짙은 아이라인을 그리고 신비로운 분위기를 발산하며 인종, 섹슈얼리티, 젠더, 패션의 경계를 허물었다. 한때는 프린스라는 이름을 버리고 남성과 여성의 성 기호를 조합하여 만든, 발음할 수 없는 기호로 이름을 바꾸기도 했다. 그는 자신 안의 남성성과 여성성을 자랑스러워하고 자신만만하게 끌어안은 흑인 남성이었다. 그 앞에서 모든 법칙은 힘을 잃었다.

복합적인 요소들과 모순으로 가득했던 그는 우리에게 젠더 정체성과 성적 지향이 구분되어야 하는 이유를 명징하게 보여주었다. 그는 여성스러웠으나 이성애자 남성이었고, 퀴어와 트랜스젠더의 아이콘이었으나 여호와의 증인의 독실한 신자이기도 했다. 우리는 한 사람 안에 공존하는 다양한 이면들을 보면서 젠더, 섹슈얼리티, 그리고 종교가 어떻게 교차하며 중첩되는지 다시 생각하게 된다.

여호와의 증인으로 개종을 한 말년에 그는 인터뷰 도중 동성 결혼을 반대하는 듯한 발언을 하기도 했다. 초창기 밴드 멤버이자 레즈비언 커플이었던 웬디 멜보인과 리사 콜먼에 따르면, 프린스가 자신과 다시 공연을 하고 싶다면 레즈비언임을 부정해야 한다고 말했다고 한다. 그러나 몇 년 후에 그들은 같은 무대에 섰다.

어떻게 게이의 아이콘이 퀴어에 반대를 할 수 있을까? 어떻게 자유로운 젠더 표현의 수호자였던 사람이 이성애자이기만 할 수 있을까?

글쎄, 그냥 그럴 뿐이다. 인간이란 다층적인 존재이고 한곳에만 머물지 않는다. 어떤 범주에 속한다고 해서 자동적으로 그 사람의 전부를 읽을 수 있는 것은 아니다. 프린스가 인생의 후반기에 어떤 정치적 입장과 종교적 신념을 보였건, 한 가지 확실한 것은 그가 사람들이 자유롭게 자신의 정체성을 표현할 수 있는 세상을 열어주었다는 점이다.

무성애

아직까지 사람들의 입에 자주 오르내리지는 않지만, 무성애는 앞으로 더 논의해봐야 할 주제이다.

무성애는 성적 지향의 한 종류로, 성적인 끌림을 느끼지 않거나(느껴도 미미하게 느끼거나) 성관계에 대한 욕구가 적거나 전혀 없는 것을 가리킨다. 독신주의나 금욕과는 달리 자발적으로 선택하는 것이 아니며, 낭만적 끌림이나 성적 지향(여기에서는 당신이 끌리는 성)과는 관련이 없다. 퀴어라는 용어처럼 무성애 또한 다양하고 개별적인 성향을 아우르는 포괄적인 개념이다. **정체성의 다른 측면들처럼 섹슈얼리티 또한 유동적인 스펙트럼 위에 있다.** 어떤 사람은 반드시 정서적으로 연결되어야만 성적인 욕구를 경험할 수 있는 한편(반성애), 또다른 어떤 사람은 성적인 요소라고는 하나도 없이 낭만적인 연애만을 원할 수도 있다. 스스로를 무성애자로 정체화하는 사람들은 대체로 무성애 정체성으로 일관하는데, 이는 장기적으로 관계를 맺을 때에도 마찬가지이다. 그러나 일부 무성애자들은 시기에 따라서 변화를 보이기도 한다.

나는 스스로를 무성애자로 정체화하기 때문에 개인적으로 이 주제를 책에 꼭 넣고 싶었다. 대중문화에서 무성애자가 대표되는 경우가 거의 없다 보니 이것이 성적 지향이 아니라고 생각하는 사람들이 많다. 그래서 더욱이 문제를 수면 위로 꺼내고자 했고, 내가 하나의 예가 되고자 했다. 특히 미국 문화에서 성관계에 무관심한 것은 비정상적인 일로 여겨지기 때문에 무성애자들은 자신이 무성애자임을 밝히기를 꺼린다. 수치심을 내면화하거나 자신이 어딘가 고장 난 사람이라는 생각을 안고 사는 경우도 많다.

내가 무성애자라고 말하면 사람들은 나를 붙잡고 당신은 절대 무성애자가 아니라고 설득하려고 든다. 과거의 트라우마 때문이라고 심리 진단을 하거나 마음에도 없는 칭찬을 하고, 노골적으로 빈정대기도 한다. 앞으로 참고할 수 있도록 미리 말해두자면 무성애자에게 다음과 같은 말은 꺼내지 않는 편이 좋다.

• "정말 사랑하는 사람을 만나지 못해서 그래요." (관련 없다.)

- "고상한 척 하지마." (그러려는 의도는 전혀 없다.)
- "그런 게 어딨어." (있다.)
- "한때 아닐까요?" (아니다. 이것은 나의 섹슈얼리티이다.)
- "해보기 전까지는 모르죠." (이미 해봤고 이제 안다.)
- "금욕을 하는 건 아닌가요?" (그건 선택이다.)
- "그러면 아이는 낳지 못하나요?" (아이를 가질 수 있는 다른 방법들이 있고, 나는 아이를 원하지 않기 때문에 괜찮다.)
- "지독하게 나쁜 경험을 했기 때문은 아닐까요?" (관련 없다. 내가 나쁜 경험을 한 것은 성관계를 원해야 하는 줄 알았기 때문이다. 가끔 트라우마가 무성애에 영향을 미치기도 하지만, 트라우마와 관련된 무성애도 여전히 무성애이다. 유효성을 의심받아서는 안 된다.)

사람들이 자신의 정체성을 표현할 때에는 일단 그들을 믿고, 앞으로 그들이 어려운 상황에 처할 때에 지지해주려는 태도가 중요하다. 타인의 불신과 거기서 본인이 느끼는 수치심은 사람을 의무나 압박 속에 밀어넣고, 성적으로 불편한 상황에 처하게 할 수 있다. 또한 거부당할 수 있다는 두려움 때문에 낭만적 연애를 시도조차 하지 못하게 할 수도 있다.

무성애자의 삶도 굉장히 멋질 수 있다! 무성애자인 사람과도 낭만과 사랑이 넘치는 관계를 얼마든지 맺을 수 있다. 성관계 없이도 친밀해질 수 있는 방법은 무궁무진하기 때문이다. 오히려 관심사에서 성관계가 사라지면 시간이 많아져서 독서와 산책을 즐기고 친구를 만나고 다른 취미를 탐험할 수 있고, 두뇌에도 여유가 생겨서 나를 행복하고 충만하게 할 만한 것들을 떠올리고 시도하게 된다. 무성애자는 성애자와 크게 다르지 않다. 모두가 당장 누군가를 사귀어야 하는 것은 아니다.

무성애는 굉장히 소중한 무엇인가가 결핍되거나 근본적인 결함이 있는 것이 아니다. 그저 다른 섹슈얼리티일 뿐이다. 특정 섹슈얼리티의 사람이 다른 섹슈얼리티의 사람보다 덜 소중할 리는 없지 않은가. 당신은 언제나 소중하며, 알고 보면 절대 혼자가 아니다!

Google

무성애는

무성애는 **잘못된 것이다**
무성애는 **LGBT가 아니다**
무성애는 **정상이 아니다**
무성애는 **질병이다**
무성애는 **거짓말이다**
무성애는 **불가능하다**
무성애는 **선택이다**
무성애는 **스펙트럼이다**
무성애는 **정상이다**

부적절한 가정들을 보고합니다

⌃ 실제 구글의 자동 검색어이다

동물들의 동성애적 행동

동물의 섹슈얼리티 여부(생존 욕구와 번식 욕구 외에 성적 기호나 끌림이 있는지)는 논란이 되어왔다. 많은 종의 동물들이 같은 성과 반드시 성적 행위는 아닐 수 있는 애정 행위를 하는 현상은 자주 관찰되었다. 학자들은 이런 행위가 지배욕의 표현일 수도 있고, 구애의 행위일 수도 있으며, 성적 관계가 아닌 짝을 구하는 것이거나 애정일 수도, 교미를 할 수 있는 짝 없이 생식 호르몬을 배출하기 위한 행위일 수 있다고 설명한다.

동물 중에서 동성과 성적인 행위를 시도하거나 장기적으로 관계를 맺는 종으로는 흑고니, 잠자리, 코끼리, 박쥐, 채찍꼬리도마뱀, 하이에나, 펭귄, 소, 기린, 돌고래, 마멋 등이 있다. 보노보 원숭이는 거의 모든 개체가 바이섹슈얼이며 암컷끼리, 수컷끼리 생식과 관련 없는 성행위를 정기적으로 한다. 어쨌든 인간은 원숭이에서 진화했고 대부분의 원숭이는 성적으로 굉장히 유동적인 편이다……그저 그렇다는 이야기이다!

숫양의 10퍼센트가 다른 숫양과 배타적인 교미를 하는데, 이는 (유전자를 퍼뜨릴 수 있는 기회를 의미하는) 암양이 옆에 있을 때에도 마찬가지이다.

이 동물들의 행위에 부자연스러운 구석이라고는 전혀 없다.

≋ 게이 양

신체적 성

신체적 성은 인간의 생식기관, 염색체, 호르몬, 이차 성징(수염과 체모, 목소리, 가슴 등) 등으로 구성된 신체적, 생물학적 특질이다.

아기가 태어나면 의사는 생식기를 보고 이 아기가 어떤 성별로 자랄지 결정한다. 이것은 100퍼센트 정확한 과학적 판단으로 볼 수 없으며, 그 사람의 신체적, 성적 특징을 구성하는 다른 많은 요소들을 고려하지 않은 결과이다. 또한 인터섹스인 사람들에게는 굉장히 해로운 결과를 낳는 절차이기도 하다(이 책의 52쪽을 보라).

많은 사람들이 (젠더와는 다르게) 성별은 불변의 속성을 지녔다고 생각하지만, 이는 사실이 아니다. 최근의 과학자들은 점차 성별이 이분화되지 않고 스펙트럼 위에 있다고 믿기 시작하고 있다. 예를 들면 모든 남자들에게 무성한 수염과 굵은 목소리가 있지는 않으며, 모든 여성들에게 큰 골반이 있거나 수염이 없는 것은 아니다.

한 사람의 젠더가 구현되는 방식이 변하는 것처럼 성별도 시간이 지나면서 변할 수 있다. 수술이나 호르몬 요법으로 자신의 타고난 성별을 바꿀 수도 있다.

젠더의 해부학적 분석

상상력, 취약성, 탁월함, 창의성, 분노, 사랑, 복합성의 무한한 조합이 가능한 기관.

인중 털은 여성들에게서도 자주 나타나며, 특히 비백인 여성들에게는 흔하다.

수염과 체모는 테스토스테론 수치의 영향을 받으므로 호르몬 치료로 증가할 수도, 감소할 수도 있다. 트랜스 남성에게 턱수염이 날 수도 있고, 생물학적으로 남성적인 특질을 많이 가지고 있는 사람에게 평생 수염이 나지 않을 수도 있다. 시스젠더 여성 또한 테스토스테론이 있다.

목젖이 위치해 있으며, 목소리의 굵기를 결정하는 부분. 목소리의 굵기는 사춘기에도 변하고, 호르몬 요법으로도 바뀔 수 있다.

여성의 자연스러운 유방의 크기와 모양에는 큰 차이가 있다. 여성이 유방 조직을 제거하는 이유는 다양한데, 본인의 젠더와 몸을 일치시키기 위해서일 수도 있고 불편함을 줄이기 위해서일 수도 있으며, 유방암을 제거하기 위해서일 수도 있다. 남성에게도 유방 조직이 있으며, 따라서 유방암에 걸릴 수 있다. 트랜스 여성이나 시스젠더 여성이 자신의 젠더에 몸을 일치시키기 위해서 인공적으로 유방을 확대하기도 한다.

보통은 아기를 키울 자궁이 있는 사람의 골반이 더 넓다.

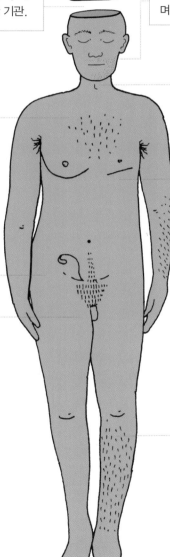

성기와 생식기관이 여성의 것이라고 해서 염색체, 호르몬, 생식선도 반드시 여성인 것은 아니다. 생식기관은 수술이나 호르몬 차단 요법 등으로 바뀔 수 있다. 성기가 어떤 사람의 젠더를 결정하는 절대적인 요소는 아니다.

체모는 보통 남성의 특징으로 여겨지지만 모든 인간(그리고 돌고래를 포함한 모든 포유류)의 신체에는 털이 난다. 남성보다 털이 무성한 여성들도 많다. 매끈한 피부를 가진 여성의 이미지는 백인 여성의 미적 기준으로, 체모가 더 많은 편인 유색인 여성들에게 잘못된 수치심을 불러일으키기도 한다.

많은 사람들이 난소암이나 고환암에 걸렸을 때에 의학적인 이유로 생식선(체내 생식기관, 난소 혹은 고환)을 제거하기도 한다.

인터섹스

아기가 태어났을 때에 사회가, 특히 의사가 성별을 결정하는 방식(그리고 젠더까지 가정하는 것)에는 근본적인 문제가 있다. 새로운 생명의 성별을 지정하는 방식은 언제나 여성 혹은 남성, 둘 중의 하나를 기준으로 해왔다. 이런 이분법적인 구분은 미국을 비롯한 전 세계 대부분의 국가에서 절대적으로 준수되고 있다. 아기가 인터섹스로 태어나면(여성 혹은 남성이라고 명확하게 정의내릴 수 있는 신체와는 여러모로 다른 생식기나 생식기관을 가지고 태어나면) "기형"으로 여겨지고, 누군가(보통은 의사가) 성별을 선택한 뒤에 수술이나 호르몬 치료(혹은 둘 다)를 받게 해서 아기의 성별을 의사가 판단한 성별과 "일치시킨다." 이 과정에서 본인의 동의 없는 성확정 수술, 즉 비윤리적인 성기 훼손이 이루어지면서, 이분법에서 벗어난 생식기를 가지고 태어난 수천 명의 아기들이 불임이 되기도 한다.

인터섹스 아기들은 강제로 남성이나 여성으로 편입되고, 자신의 젠더 정체성을 파악할 정도로 성장한 후에는 이미 누군가에 의해서 몸이 변형되어 있다. 이 특이한 상황 때문에 이들은 성장하면서 적절한 치료를 받거나 병원을 이용하는 행위가 제한되기도 하고, 심할 경우에는 차별을 받고 낙인이 찍히고 때로는 살해를 당하기도 한다.

이 주제가 금기시되어왔기 때문에 인터섹스로 태어날 확률이 매우 낮다고 생각할 수 있지만, 생각보다 드물지 않다. 앤 파우스토스털링의 논문 「우리는 얼마나 성적 이중형*인가?」에 나오는 통계에 따르면 이분법적이지 않고 모호한 성적 특질을 가지고 태어난 인구의 비율은 생각보다 높고, 실로 다양한 변주가 있다. 주의 : 이 연구는 매우 작은 표본으로 진행되었고 인터섹스의 종류는 훨씬 방대하다.

인터섹스의 출생률은 언제나 논란이 되는 주제여서(어떤 아기가 "인터섹스"인지에 대한 정의나 판단 기준이 없기 때문이다), 기사에 따라서 극단적으로 달라진다. 그러나 북아메리카 인터섹스 협회와 미국 심리학회에서 발표한 출생률은 다음과 같다.

---

* dimorphic : 두 가지 형태가 같이 있는 것

- 일반 남성이나 여성과 다른 몸을 가지고 태어나는 사람 = 100명 중에 1명
- 시각적으로 비전형적인 성기를 가지고 태어나는 사람 = 1,500명 중에 1명
- 성기 모양의 "정상화"를 위해서 수술을 받는 사람 = 2,000명 중에 1명이나 2명
- XX나 XY 염색체를 가지고 태어나지 않은 사람(X 염색체를 하나만 가지고 태어난 여성이나 XXY 염색체를 가진 사람) = 1,666명 중에 1명

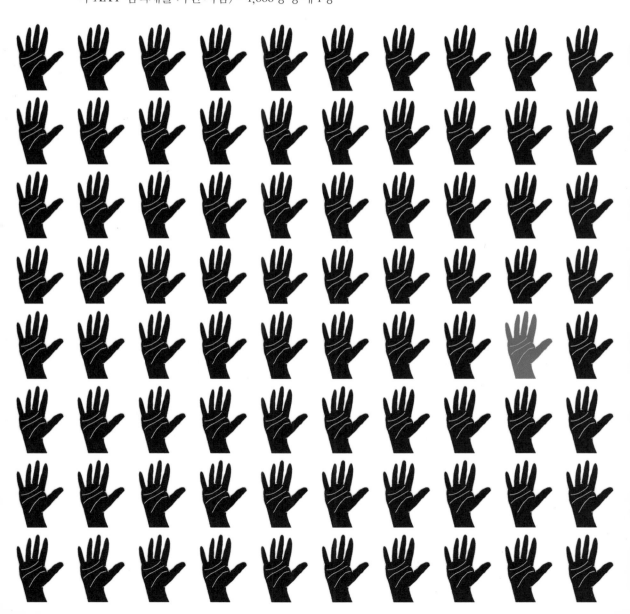

민달팽이의 성관계

길에서 한 번쯤 민달팽이를 마주친 적이 있을 것이다. 어쩌면 밟고 지나갔을 수도 있다. 미끄럽고 느리고 질척대는 이 껍질 없는 복족류 연체동물은 지구상에서 성적으로 가장 유연한 존재라고 할 수 있다. 민달팽이는 자웅동체이다. 즉 한 몸 안에 수컷과 암컷 생식기를 모두 가지고 있다. 무척추 동물과 식물들 사이에서 흔히 보이는 이런 특질은 진화적으로 많은 장점이 있다. 이들은 한 개체가 다른 어떤 개체와도 짝짓기를 할 수 있다. 적당한 짝이 없으면 혼자 수정을 할 수도 있다.

용어 주의 암수한몸, 자웅동체라는 용어는 시대착오적이며, 인간에게 적용하면 불쾌감을 일으킬 수 있다(적합한 용어는 인터섹스이다). 그러나 인간이 아닌 종을 가리킬 때에는 아직 이 용어가 사용된다. 두 개의 생식기관을 가진 종을 설명할 때 암수다형(sexual polymorphism)이라는 용어를 쓰기도 한다.

두 마리의 레오파드 민달팽이(혹은 어떤 민달팽이든)는 숲에서 서로를 찾아내고 미끄러운 몸을 나선형으로 꼬아 거꾸로 매달린 다음 정자를 교환한다.

암수다형이 진화적으로 교묘하고 기발한 이유는 이들이 정자를 주고받을 수 있을 뿐만 아니라 각 개체 모두 난자를 활용할 수 있기 때문이다. 서로의 난자에 수정을 하면 두 배의 새끼를 낳고 동시에 유전적으로 다양한 변주가 이루어진다.

그러다가 사고가 발생하면……말하자면 중간에 일이 꼬이면 서로의 몸이 얽힌 상태에서 벗어나지 못한다. 몸을 풀기 위해서는 한 쪽이 희생해야 하므로, 한 달팽이가 다른 쪽의 수컷 성기를 문다. 성기는 절단되었지만 암컷의 생식기는 유지하고 있기 때문에 운이 좋으면 수컷 성기가 있는 개체와 교미하고 생식을 할 수 있다.

짝을 찾지 못한 민달팽이는 자신의 정자로 자신의 난자에 수정을 할 수 있으며 (유전적으로는 다양하지는 않지만) 독자 생존이 가능한 자손을 낳을 수 있다.

작고 여린 민달팽이를 과소평가하지 말자.

하지 말아요

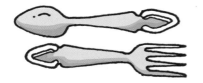

태어났을 때 지어진 이름을 물어보지 말자!

마음에도 없는 칭찬을 하지 말자! ("근데 그 이름 진짜 예쁜데!", "게이가 되기에는 당신은 너무 미인이잖아요.")

당사자가 없을 때에도 그 사람의 젠더를 멋대로 부르지 말자.

다른 사람의 젠더를 자기 문제로 만들지 말자. 당신이 불편하다면 혼자 생각하거나 친구와 대화하거나 때로는 상담의 도움을 받아서 이해하고 소화하자.

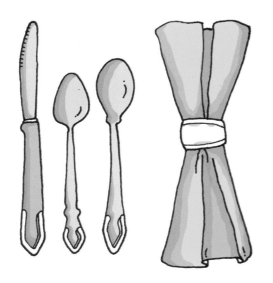

사람들의 몸에 대한 언급은 자제하자(특히 누군가의 몸이 변하고 있을 때). 당사자가 먼저 그 주제를 꺼냈을 때에만 그 대화를 시작하자.

당신은 시스젠더인데 누군가 당신에게 어떤 대명사로 불러주기를 원하느냐고 묻는다면, 그것을 당신의 외모나 차림새나 행동에 대한 지적이라고 생각하지 말자. 그저 질문일 뿐 다른 뜻은 없다.

밉살스러운 사람은 되지 말아요!

이렇게 해요

다른 사람의 성장과 변화에 인내심을 가지자.
모두가 자신만의 속도로 움직인다.

본인이 안전하다고 느끼는
화장실을 고르고 자신의
젠더와 같은 줄에 서 있는
사람들을 믿자. 당신이 그
들보다 더 많이 아는, 더
상식적인 사람이라고 자부
하지 말자.

연습이
~~완벽을~~ 진전을
만든다

상대의 젠더를 대체로 확신할 때에도 그 사람이
원하는 대명사에 대해서 물어보자. 젠더 표현과
젠더 정체성은 다를 수도 있다. 이는 어떤 사람들
에게는 상관없지만 어떤 사람들에게는 아주 중
요한 문제이다. 이 정도면 누구나 할 수 있는, 사
소하지만 의미 있고 순발력 있는 행동이다.

친절한 사람이 됩시다!

LGBTQ+는 도대체 어떤 의미인가?

사람들이 가끔 약어인 LGBTQ+ 안에 이성애자(straight)를 의미하는 S는 왜 없느냐고 물으면 나는 그제서야 공동체 외부에서는 이 용어를 제대로 알지 못할 수도 있겠다는 생각이 든다. LGBTQ+는 시스젠더와 이성애자가 아닌 사람들을 설명하기 위한 의도로 만들어진 용어이다. 여기에 이성애자를 뜻하는 S를 포함시키면 이 약어의 목적 자체가 사라진다! 이 약어는 지난 수십 년 동안 알파벳이 추가되거나 다른 의미로 쓰이면서 진화해왔다.

LGBTQ+라는 용어가 지금과 같은 형태로 인정받기까지의 간략한 역사를 소개한다.

○ **1950년대 이전** 이들을 가리키는 가장 흔한 용어는 호모섹슈얼로, 이성애자가 아닌 모든 사람들을 경멸하는 방식으로 사용되었다. 게이는 1940년대와 1950년대부터 속어로 사용되기 시작했다.

○ **1950년대-1960년대** 호모섹슈얼이라는 용어 대신 호모필(homophil)이라는 단어가 쓰였다.

○ **1970년대-1980년대** 이 시기에는 범주와 관련된 문제로 LGBTQ+ 공동체 내부에서 갈등이 생겼다. 이들은 외부에서 자신들을 바라볼 때에나 내부에서 이 용어를 쓸 때에 어떤 사람들을 어떻게 포함하고 용어를 어떻게 정해야 할지 고민했다. 스스로를 레즈비언이라고 규정하는 사람들이 가시화되기를 원하면서 호모필이라는 단어 대신 게이와 레즈비언이라는 용어가 사용되었다. 반면 퀴어는 여전히 경멸적인 용어로 쓰였고, 때로는 위협적인 모욕으로 사용되기도 했다. 이 시기에는 LGBT의 B와 T는 인정되지 않았다. 트랜스젠더와 양성애자(bisexual)는 LGBTQ+ 공동체 내에서도 거세게 외면받거나 배제되었다(이 태도는 아직도 남아 있다). 양성애자는 부정직한 사람들이라고 손가락질을 받았는데, 게이라고 밝히는 것 혹은 '완전한' 게이라고 불리는 것이 두려워서 스스로를 양성애자라고 칭한다고 여겨졌기 때문이다.

○ **1990년대** LGBT가 최대한 많은 사람을 포용하는 용어로 널리 받아들여졌다. 1996년 퀴어의 Q(혹은 questioning)가 추가

되면서 현재 우리가 자주 사용하는 약어가 되었다. 흑인 인권 운동가인 클레오 머나고는 아프리카계 미국인들의 경험을 유럽계 중심의 게이와 레즈비언으로부터 구분하려면 SGL(same-gender-loving)이라는 용어를 사용해야 한다고 주장했다. AGL(all-gender-loving)이라는 용어 또한 흑인 공동체에서 긍정적인 정체성으로 받아들여졌다. SGL이나 AGL이라는 용어를 환영하는 아프리카계 미국인들도 있지만, 대부분은 자신을 이 용어로 설명하지 않는다. 그

들은 게이 공동체 내의 인종차별 문제가 더 조명받아야 하는 것은 맞지만, 게이라는 단어는 백인의 소유가 아닌 공통의 언어라고 생각한다.

○ **2000년대-2010년대** 젊은 사람들이 퀴어라는 단어에 이전보다 강하게 동조했다. 이 단어가 젠더와 섹슈얼리티의 유동성을 더 잘 포용한다고 생각했기 때문이다. 젊은 세대는 이 용어를 점점 더 선호하는 추세이지만 나이 든 사람들은 자신들의 젊은

시절에 이 용어가 속어로 사용되었던 기억 때문에 부정적으로 반응하기도 한다. 가끔은 트렌스젠더의 T에 별표를 붙여 트랜스*(trans*)로 쓰기도 하는데, 이는 시스젠더가 아닌 모든 사람들을 일컫는다.

용어의 변주는 지금도 이루어지고 있다. 알파벳이 추가되기도 하고(이를테면 인터섹스의 I), 일부가 빠지고 그 대신 + 표시가 쓰이기도 한다. 젠더와 섹슈얼리티의 정체성이 앞으로 얼마든지 더 팽창될 수 있다는 것을 알리기 위함이다. 어떤 사람들은 특정 정체성을 강조하기 위해서 알파벳의 순서를 바꾸기도 한다. 또한 젠더와 섹슈얼리티의 범주가 얼마나 넓은지 보여주기 위해서 더 긴 약어를 사용하기도 한다(LGBTTQQIAAP : 레즈비언, 게이, 양성애자, 트랜스젠더, 트랜스섹슈얼, 퀴어, 퀘스처닝, 인터섹스, 무성애자, 앨라이, 범성애자[pansexual]). A에 앨라이가 포함되어야 하는지에 대해서는 뜨거운 논란이 있다. 이성애자나 시스젠더일 수도 있는 앨라이를 여기에 포함시키는 것은 퀴어를 지지한다는 이유만으로도 퀴어 공동체의 우산 아래에 들어갈 수 있다는 의미가 되기 때문이다. 나는 개인적으로 앨라이를 흡수하는 데에 동의하지 않는다. 앨라이는 이렇게 바깥으로 드러나는 증표가 없어도 앨라이가 될 수 있다고 생각하기 때문이다. 퀴어 공동체들은 앨라이들에게 이런 방식의 상징적인 칭찬(약어에 포함시켜주는 것)을 해주지 않아도 인정받고 지지받아야 한다.

또 하나의 약어가 있으니(이게 가장 웃긴데), 퀼트백(QUILTBAG : 퀴어와 퀘스처닝, 언디사이디드[undecided], 인터섹스, 레즈비언, 트랜스젠더와 투 스피릿, 양성애자, 무성애자와 앨라이, 게이와 젠더퀴어)이다. 긴 약어가 자꾸 생기는 현상은 어떤 약어도 모든 경험을 아우를 수는 없다는 것을 시사한다. 대부분의 사람들은 짧은 약어인 LGBTQ+를 선호하고, 이 안에 다양한 경험의 스펙트럼이 충분히 포함되었다고 생각한다. 그러나 여전히 이 약어에서도 배제된다고 느끼는 사람들이 있다. 젠더와 섹슈얼리티에 대한 이해가 진화하면서 머지않은 미래에 다른 순열의 약어가 생길 가능성이 높다.

젠더 역할, 우리가 연기해야 했던 것

젠더 역할은 지정 성별에 기반해서 특정 행동, 외모, 대화 방식, 태도, 하는 일을 기대하는 것을 말한다. 젠더 역할이 구현되는 방식은 국가, 문화, 인종, 종교, 시대를 초월해 비슷하게 나타난다. 그러나 다른 한편으로는 문화와 문화 사이에서, 혹은 같은 문화 내에서도 남성성, 여성성, 남성과 여성의 역할에 편차가 있다.

본격적으로 시작하기 전에 이것부터 짚고 넘어가자. 모든 젠더 역할은 사회적 산물이다. 우리가 만들었다. 어떤 행동, 어떤 경향과 성향들은 그 사람의 성별에 따라서 달라지고 생물학적으로 강력한 영향을 받을 수 있다. 그러나 젠더 역할을 강요해야 하는 근본적 이유라고 할 만한 것은 거의 없다.

이 젠더 구조는 여성의 풍부한 지성, 강인함, 자립성을 적절하게 반영하지 않는다. 또한 남성의 감정적 잠재력, 온화한 심성, 돌봄의 자질도 반영하지 않는다. 모든 사람에게는 기질과 특성, 관심사, 재능, 자기표출 방식이 복잡하게 섞여 있지만 이 사회는 전통적인 젠더 역할 바깥의 다면적이고 입체적인 공간

을 허용하지 않고, 그 기대에서 벗어나고자 하는 사람에게 필요한 역할 모델을 충분히 제공하지 않는다.

젠더에 대한 고정관념은 (인종, 능력, 사회경제적 요인에 의한 고정관념과 함께) 유해한 남성성(toxic masculinity)의 부상에도 크게 일조했다. 유해한 남성성은 성폭력, 남녀 임금 격차, 여성의 생식권을 남성 권력층이 결정하는 정치 구조를 만들었고, 이성애적 관계와 젠더 모델만을 내세우는 미디어를 발전시켰다.

게이 남성이나, 부치와 팜므 관계에서도 관습화된 젠더 역할과 노동의 분리가 유지되리라고 기대된다. 예를 들면 부치의 성격은 무뚝뚝하고 마음을 열지 않으며, 팜므는 둘 사이의 감정적인 문제를 풀어나가는 사람이라고 여겨진다. "그러니까, 바지를 입는 사람은 누구지?", "둘 중에 누가 신부죠?"는 이런 편견을 드러내는 전형적인 질문이다. 여성이 둘이면 한 명은 남성에 가깝거나, 남성이 둘이면 한 명은 여성적인 역할을 수행해야 관계가 원활하다는 관점이다.

"아이는 언제 가질 건가요?" 이성애 커플이 가장 많이 받는 질문 중 하나이다. 여성은 당연히 아이를 가지고 싶어할 것이라고 여겨지고, 주 양육자는 여성일 것이며, 아버지는 주말에 몇 시간 놀아주거나 훈육만 해도 괜찮다는 믿음이 있다. 뒤집어보면 이런 젠더 가정 때문에 아버지들은 동등한 육아 휴직을 받지 못하며, 여성은 다른 대안이 없어 직업을 포기해야 한다. 아버지의 부재는 자연스럽거나 불가피한 현상으로까지 여겨진다. 그러니 아버지가 최소 이상의 육아노동이나 가사노동만 해도 과도한 찬사를 받는 것이다 (여성들은 똑같은 일을 해도 전혀 칭찬받지 못한다).

남성 상사의 경우 단호하고 거침없고 근엄한 성격이 성공과 권력의 기준이 되지만 높은 위치에 있는 여성들이 같은 성향을 보이면 상사 노릇한다고 비난을 받는다. "재수 없는 여자 상사"가 되는 것이다.

젠더 역할은 어린 시절부터 주입된다. 우리는 어떤 식으로 행동하라는 말을 들으며 자란다. 소녀들은 다정다감하고 친절해야 하고 소년들은 울면 안 된다. 우리는 주변의 성인들(우리의 부모, 우리의 원칙)과 온갖 형태의 미디어를 목격하며 역할 모델로 삼는다. 당연히 부지불식간에 그것을 모방하게 되고, 그 역할을 충족시키도록 기대받다가 우리도 스스로에게 같은 기대를 주입하게 된다.

인간은 참으로 분류를 사랑하는 종족이다. 우리는 항상 종류를 나눈다. 그러면 질서가 있다는 느낌이 들고 생각이 단순해지기 때문이다. 생김새에 따라서 어떻게 행동해야 한다는 기대를 깨고 나 자신이 되는 것은 쉽지 않다. 때로는 고통스럽기도 하고 거추장스럽기도 하다. 그러나 가끔은 혁명적이다.

더 깊이 들어가보기

교차성

"모든 세대에서, 모든 지성의 영역에서, 모든 정치 운동에서, 아프리카계 미국인 여성들은 인종을 생각하고 이야기할 때에 젠더라는 렌즈를 가져와야 한다고 분명히, 여러 차례 표현해왔다. 또한 페미니즘을 생각하고 이야기할 때에는 반드시 인종이라는 렌즈를 가져와야 한다고 주장해왔다."

— 킴벌리 크렌쇼 박사

교차성은 1980년대 말에 법학 교수이자 사회 운동가인 킴벌리 크렌쇼가 논문에서 처음 제시한 개념이다. 원래는 흑인 여성의 삶을 묘사하고 연구하기 위한 목적으로 만들어졌고, 이 용어로 흑인 여성이 여성이면서 흑인이기도 하기 때문에 이중으로 구조적 불이익을 받는 방식을 설명할 수 있었다. 크렌쇼는 말한다. "이 단어는 블랙 페미니즘부터 차별 금지법까지 모두 적용될 수 있었다."

간단히 말하자면, 교차성 이론에서는 서로 다른 권력 구조가 어떻게 상호작용하면서 소수자의 삶에 영향을 미치는지를 연구한다. 한 개인이 얼마나 복잡하고 다면적일 수 있는지 강조하고, 개인을 구성하는 요소들이 맞물리는 방식과 그것이 어떻게 구조적 차별과 존재 지우기로 이어지는지를 살핀다. **한 사람의 경험은 절대로 정체성의 한 가지 요소에 의해서만 독점적으로 규정되지 않는다.** 젠더나 인종 하나로 어떤 사람을 파악하거나 설명할 수는 없다. 경험은 여러 정체성이 교차되며 중첩된 결과물이고, 그들이 겪는 특권이나 억압과도 이어진다. 같은 지역에 살아도 흑인 여성 노인과 젊은 라틴계 남성의 경험은 완전히 다르다.

교차성은 주변부 계층의 사람들이 어떻게 지워지는지를 조명하기 위해서도 사용된다. 예를 들면 여성 해방 운동은 트랜스 여성을 흡수하지 않았고, 에이즈 퇴치 운동은 유색인종을 포함하지 않았다. **교차성은 억압과 차별을 드러내기도 하지만 이 사회의 특권층이**

누구인지를 드러내기도 한다. 이 통찰은 우리가 다른 사람에게 당하는 차별에는 민감해도 우리 자신의 특권을 인정하기는 어렵다는 점에서 매우 중요하다. 특권에 대해서는 154쪽에서 더 자세히 알아보기로 한다.

이 책에서는 젠더를 교차성의 관점으로 보기 위해서 최대한 노력했다. 이 관점을 통해서 우리가 젠더의 개념과 경험을 논할 때에 왜 한 인간의 모든 측면을 고려하는 것이 중요한지를 탐구하고자 한다.

한마디로, 세상은 보기보다 더 복잡다단하다.

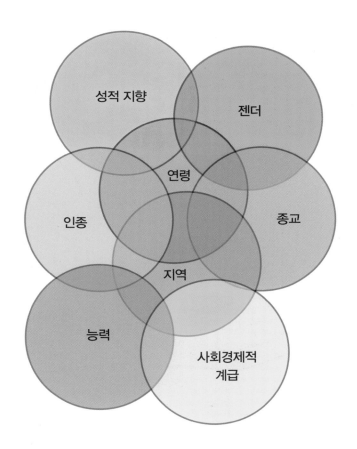

정체성의 생태계가 둘로 해체되다

북아메리카의 식민지화는 어떻게 강력한 젠더 이분법을 주입했는가

"'타자화'란 오직 집단 정체성을 기반으로 하여 특정 대상의 다름을 강조해서 주변화하고 차별을 지속하도록 하는 동력, 과정, 구조의 집합을 말한다."

— 존 A. 파월과 스티븐 메넨디언

과거로 돌아가보자. 성차별, 여성 혐오, 인종주의, 계급주의, 연령주의, 장애인 차별 등 이 나라의 모든 주의를 이야기하면서 도대체 이것들의 뿌리가 무엇인지 파다보면 결국 다음의 두 가지를 만나게 된다. 바로 타자화와 권력이다. 이 역학관계의 근본적인 원인을 찾다보면 식민지주의와 제국주의가 "타자화"라는 사고방식을 이 세상 곳곳에 심었고 그 과정에서 젠더 이분법도 퍼뜨렸다는 사실을 알 수 있다.

"식민지화 자체가 젠더화된 행동이다. 식민지화는 군사, 장거리 무역과 같은 남성적인 직업에 종사하는 제국의 노동자들, 즉 남성이 절대 다수를 점하는 이들에 의해서 실행되었다. 식민지 국가의 여성들을 성폭행하는 것은 정복의 상징이기도 했다. 식민지는 남성 지배적인 권력 구조 아래 건설되었고, 그 권력을 토대로 지속되었다. 식민지화된 사회 안에는 야만성이 뿌리내렸다."

— 레윈 코넬, 오스트레일리아의 사회학자

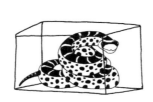

대부분의 아메리카 원주민 문화에는 인간과 인간, 인간과 자연을 동등하게 보는 독자적인 체제가 있었다. 그러나 식민지주의자들은 북아메리카 땅에 도착하자마자 위계라는 개념을 심었다. 인간은 자연보다 우위에 있고, 백인은 비백인보다 우월하며 남성은 여성보다 우월하다는 개념이었다. 원주민들에게 강제로 주입된 유럽의 권력 구조에서는 부유한 백인 남성들이 결정권과 입법권을 독점했다. 동시에 성차별적인 젠더 역할도 자동으로 주입되었다. 아메리카 원주민 여성들은 영적인 지도자였고 정치에 관여했으며 가정에서도 권위가 있었지만, 서구의 시선으로는 남성에게 종속된 존재로 보였던 것이다.

"우리가 기존에 있었던, 공식적으로 인정받는 분류 체계에 들어가지 못했던 것은 우리의 문화와 역사가 그 분류 체계에 맞지 않았기 때문이다……우리의 사고방식 또한 서구의 지식 체계와 산업 구조에는 들어맞지 않았다."

— 폴라 건 알렌, 캐나다 원주민 학자

» 오른쪽 그림 : 아파치족의 여성 전사였던 로젠은 뛰어난 전술로 적의 위치를 발견하고 공격하여 부족을 보호했고 주민들에게서 존경을 받았다. 그림 속에서 로젠은 북아메리카의 고유종인 꽃과 동물들에 둘러싸여 있다.

"남성처럼 강하고 대부분의 사람들보다 용감하며, 영리한 전술을 구사했던 로젠은 부족을 지키는 방패였다."

— 빅토리오, 아파치족 추장

원주민 기숙 학교

"원주민 기숙 학교에서 행해진 비인간적인 행태로 인해서 우리의 조상과 지역 사회가 받은 고통은 이루 말할 수 없다. 그것은 오스트레일리아 원주민 사회에 몇 세대 동안 이어졌고, 특히 이 사회의 투 스피릿들의 정신을 망가뜨렸다. 투 스피릿들을 죄악으로 취급하고 그들의 존재 자체를 삭제/부정한 것은 지배적인 문화/식민지 체제가 우리 선조들의 목소리를 지운 것과 같다."

— 미셸 캐머런, 「오스트레일리아 원주민과 투 스피릿 : 비 원주민 사회의 계속된 문화 도용」 저자

1880년대에 기숙 학교 체제를 만든 캐나다는 원주민 어린이들을 유럽 기독교 백인 문화에 동화시킨다는 목적으로 이른바 "기숙 학교"에 강제로 입학시켰다. 일종의 문화말살 정책이었는데, 정부는 이를 통해서 어린이들을 지리적으로 문화적으로 고향과 떨어뜨려 전통과 언어에서 분리시킴으로써 지배 체제를 강화하고자 했다. 기숙 학교에 강제로 끌려간 젊은 세대는 문화적 림보*에 처해서 자신의 문화에도 적응하지 못했고, 유럽 중심 문화에도 동화되지 못했다.

원주민 기숙 학교의 학생들은 무참한 학대와 성추행을 당해 평생 트라우마를 안고 살았다. 또한 기존의 원주민 문화에는 존재하지 않았던 강력하고 차별적인 젠더 이분법을 강요당했다. 캐나다 여성 운동 리서치 기관의 회장 신디 핸슨은 말한다. "원주민 기숙 학교의 체제는 다른 식민지 기획들이 그랬듯이 의도적으로 젠더를 분리하여 그전까지는 가정과 씨족, 사회 안에서 권위와 수단을 가지고 다양한 역할을 수행한 여성들을 폄하하고 배제했다."

이 학교의 영향을 받은 원주민 여성은 점점 더 수동적이며 종속적인 존재가 된 반면, 남

---

* 이도 저도 아닌 상태

성들은 가부장의 역할을 받아들여 가정 안에서 더 큰 주도권과 결정권을 가지게 되었다. 또한 이들은 마을에서 대가족으로 살던 조상들과 달리 핵가족화되었다. 대부분의 투 스피릿들은 강제로 통합되는 과정에서 정신적인 내상을 입고 삶의 목적을 잃었다. 편견을 주입받은 지역 사회들은 이제 다시 그들 공동체 내의 다른 젠더 정체성을 부활시키기 위해서 노력하고 있다.

⌃ 리자이나 원주민 인더스트리얼 학교에 들어가기 전과 후의 토머스 무어

제3의 성, 제4의 성

논 바이너리를 비롯해서 다양한 젠더 분류법은 현대 사회의 발명품이 아니다. 때로는 수천 년 전부터 많은 문화에서 제3, 제4의 성, 때로는 제5, 제6의 성이 존재해왔다. 거의 모든 나라에 논 바이너리 젠더인 사람들이 있었다. 어떤 이들은 사회에서 신성한 지도자, 샤먼, 치유자로 존경받았고 어떤 이들은 외면받거나 추방되기도 했다.

다양한 젠더의 세계를 여행해보자.

○ **일 페미니엘로, 이탈리아** 남성의 제3젠더. 여성으로 여겨지지만 자신을 트랜스 여성이나 게이 남성으로 정체화하지 않는다. 이들은 사회에서 온건히 받아들여지고, 가족에게 행운을 가져다준다고 믿어진다.

○ **묵스, 사포텍 문화, 멕시코 오악사카 주** 출생 시 생물학적 남성(AMAB : Assigned Male at Birth)이었으나 다른 젠더로 정체화하는 사람. 묵스의 자기 표현과 젠더 역할은 다양하다. 이들은 부족 내에서 존경받고 축복받았다(대체로 그 사회 바깥에서는 그렇지 못했다).

○ **마쿤라이, 오로안느, 칼라바이, 칼랄라이, 비수** 인도네시아 부기스 사회는 인간을 다섯 개의 젠더로 분류한다.

○ **마후, 하와이** 여성성과 남성성을 모두 드러내는 사람. 식민지 이전에는 존경받는 사제, 치유자, 스승으로 여겨졌으나 한 세기 동안 낙인찍힌 채 살다가 이제는 다시 인정을 받고 있다.

○ **스원 버진(버네샤) 알바니아** 독신을 선언하고 남성으로 사는 여성들. 주로 정략결혼을 피하기 위한 방법이었다.

○ **미노 혹은 다호메이 아마존, 아프리카 베냉** 여자 전사라고도 불리는 미노는 무시무시한 전투 능력을 가진 여성 군대였다. 서구 사회의 시선으로는 비순응 젠더로 보이지만 그들이 스스로를 논 바이너리 젠더로 정체화했는지, 아니면 그저 종교적이거나 특수한 집단이었는지는 확실하지 않다(역사학자들 사이에서도 논란이 있다).

○ **세크라타, 마다가스카르** 안탄드로이족과 호바족 중에는 출생 시 성별은 남성(AMAB)이지만 어릴 때부터 여성으로 양육되는 이들이 있다. 이들은 신성한 존재로 여겨지고 종교적인 힘을 소유하고 있다고 간주된다.

○ **시스터걸과 브라더보이, 티위 섬, 오스트레일리아** 오스트레일리아 원주민 사회의 트랜스젠더들을 가리킨다.

○ **트라베스티, 대부분의 남아메리카 국가들** 출생 시의 성별은 남성이지만 다양한 방식을 통해서 여성적인 젠더로 자신을 표현하는 사람

젠더 이분법에 속하지 않는 정체성을 가진 이들에 대해서 조금 더 깊이 들어가보자.

미국과 캐나다의 투 스피릿
많은 북아메리카 원주민 부족들 안에는 제3의 젠더라는 개념이 있었고, 현재는 이들을 '투 스피릿'이라고 부른다. 이들이 하는 역할은 각 부족의 언어, 종교, 기존의 젠더 역할에 따라서 다르다. 어떤 이들은 투 스피릿이 두 젠더의 눈으로 세상을 볼 수 있으며, 여성적인 힘과 남성적인 힘이 조화를 이룰 수 있게 한다고 믿는다. 투 스피릿은 성적 지향이나 낭만적 끌림을 나타내지는 않는다. 다만 그들의 젠더 정체성일 뿐이다.

사림바비, 마다가스카르
식민지 시대 마다가스카르의 비관행적 젠더인 사람들을 사림바비라고 부른다. 전통적으로 여성의 것이라고 여겨진 일, 패션, 여성적인 인간관계에 흥미를 보이는 소년들은 어

↑ 위와, 주니족의 라마나(투 스피릿)

75

릴 때부터 여성복을 입고 여성들의 일을 한다. 사림바비들은 공동체 안에서 굉장히 존경받으며 종교 행사에서 초자연적인 힘을 지닌 영혼의 전달자로 인정받는다. 사림바비는 1900년 초반 식민지 연구에서도 묘사되었으며, 특히 독일 심리학자인 이완 볼흐의 1933년 논문 「모든 인종과 세대의 독특한 성적인 관습에 대한 인류학적 연구」에도 등장한다.

푸잉, 푸닝 프라펫 송, 그리고 카토이, 태국

푸잉("여성"), 푸핑 프라펫 송("두 번째 종류의 여성")과 카토이는 지정 성별이 남성이지만 여성으로 사는 이들을 말한다. 카토이는 법적으로 제3젠더로 인정받지만, 시스젠더가 아닌 이들의 대부분은 이 용어로 자신을 정체화하지 않는다. 태국은 대외적으로 이런 사람들에게 굉장히 포용적이지만(부분적으로는 게이 관광 산업의 부흥을 위해서이기도 하다) 대도시 외의 지역에서는 이들을 향한 차별, 호모포비아, 트랜스포비아가 일어나고 있기 때문에 중요한 사회 문제이기도 하다. 1950년대부터 동성애가 범죄는 아니었으나 LGBTQ+들의 권리를 보호하는 법적 장치는 거의 없다. 증오 범죄 금지법도 없으며, 동성 결혼은 합법이 아니고, 트랜스젠더나 인터섹스의 인권은 정책 논의에서 제외된다.

고대 잉카, 페루

이 사회의 제3의 젠더(퀴리와미)는 종교 의식을 거행하는 샤먼이었다. 이들은 과거와 현재, 남성성과 여성성, 산 자와 죽은 자 사이를 연결하는 역할을 했다. 이런 종교 의식에는 동성애적인 행위가 포함되기도 했다.

히즈라, 인도

히즈라는 세계에서 가장 유명한 제3젠더이다. 트랜스젠더 여성과 여성복을 입는 인터섹스로 이루어진 이들은 인도 사회에서 독특한 위치를 점하고 있다. 그러나 인도의 모든 트랜스젠더가 히즈라는 아니다. 이들은 종교적 저술에서 종종 등장하고, 수천 년 전의 서사시 "라마야나"(기원전 500년경 기록)에도 등장한다. 오랫동안 힌두 문화에서 신비한 능력을 가진 사람으로 그려졌으나 식민지 시대 이후에는 두려움과 수치의 대상이 되었다. 놀림을 받고 폭력에 노출되고 낙인찍히고 성착취를 당했으며, 대부분은 성노동에 종사했다. 그러나 인도는 이 트랜스젠더를 보호하고 돕기 위한 단계를 밟고 있으며 성전환 수술 비용을 지원하거나 제3의 젠더를 법적으로 인정하려는 움직임을 보이고 있다.

락스미 나라얀 트리파티는 »
트랜스젠더 인권 운동가로,
2008년 UN에서
아시아 태평양 대표로
나서기도 했다.

셰익스피어

엘리자베스 시대인 14세기 영국에서는 여성들의 무대 공연이 금지되었다. 그래서 셰익스피어 연극에서는 여자 역할을 (대체로 아직 변성기가 오기 전의 젊은 배우들인) 소년과 남자들이 연기했다. 그의 많은 연극에서 이루어진 젠더 벤딩*은 관객들의 환호를 받았고 극의 풍성함과 유머를 더한다고 여겨졌다. 이것은 당시의 엄격한 젠더 관습에 반항하는 행동의 하나이기도 했다.

* 남녀 구분이 없는 차림

갑오징어

갑오징어는 동물의 세계에서 가장 위장에 능한 종 중의 하나이다. 수컷과 암컷 비율이 4 대 1 정도인 데다가 암컷이 까다로우므로(대략 70퍼센트의 '제안'을 거절한다), 짝짓기 기간에는 경쟁이 치열하다. 몸집이 큰 수컷은 암컷을 유혹하기 위해서 몸통의 색깔과 무늬를 자유자재로 바꾼다. 그러나 왜소한 수컷을 무시해서는 안 된다. 그들에게는 교묘한 전략이 있다. 바로 무늬와 색상을 암컷처럼 바꾸는 것인데, 때로는 알을 품고 있는 척하기도 한다. 두 마리의 커다란 수컷들이 싸우고 있을 때 영리한 작은 수컷은 이들을 슬쩍 지나쳐서 암컷과 짝짓기를 한다. 어떤 갑오징어는 반-반 피부로 변신하기도 하는데, 암컷을 향하는 쪽은 수컷 패턴이 되고 수컷을 향하는 쪽은 암컷이 된다.

지력이 체력을 이긴다.

스포트라이트
프리다 칼로 (1907-1954)

"나는 내가 세상에서 가장 이상한 사람이라고 생각했으나 퍼뜩 이런 생각이 떠올랐다. 세상에 이렇게 많은 사람들이 사는데 나 같은 사람이 또 있지 않을까. 그 사람도 나처럼 스스로 어딘가 특이하고 부족한 사람이라고 느끼고 있지 않을까. 그런 여자 한 명을 상상했고 그 여자 또한 어딘가에서 나를 생각하고 있을 것이라고 상상했다. 그 여자가 꼭 어딘가에서 살고 있기를 바라며 이 글을 읽기를 바란다. 맞다. 나 같은 사람도 여기 있다. 당신만큼 이상한 사람이 여기 살고 있다."

— 프리다 칼로

프리다 칼로는 여러 의미에서 혁명적인 인물이었다. 그녀는 언제나 경계에 서 있는 사람이었다. 젠더, 섹슈얼리티, 인종의 경계에서 평생 동안 내적 모순과 싸우고 세상과 불화하며 자기 자신의 근원을 탐험했다.

칼로는 여섯 살에 소아마비를 앓은 후 다리를 절게 되었고 열여덟 살에는 치명적인 버스 교통사고로 인해서 꼬박 몇 달을 침대에 누워 있었으며 이후 평생 장애를 안고 살았다. 그녀는 침대에서 운신하던 중 거울에 비친 자신을 그리며 신체적 한계를 극복하고자 노력했으며, "나는 너무나 자주 혼자이기 때문에, 또 내가 가장 잘 아는 주제이기 때문에 나를 그린다"라고 말했다. 그녀의 작품에는 젠더 유동적인 특징들이 대담하게 드러나 있으며 낙태, 이성애 정상성, 출산, 장애 등 당시에는 금기였던 주제들이 다루어지고 있다.

칼로는 스스로를 메스티소(혼혈)이자 양성애자라고 명명했고, 패션과 그림을 통해서 규범과 관습에서 벗어난 자신만의 세계를 만들어갔다. 그녀를 이야기할 때에 한눈에 알아볼 수 있는 개성적인 외모를 빼놓을 수는 없

을 것이다. 흑단처럼 검은 머리카락, 강렬한 시선을 보내는 고혹적인 얼굴, 짙은 콧수염. 물론 짙은 갈매기 눈썹도 잊어서는 안 된다. 패션의 스펙트럼도 넓었다. 남자 양복을 입고 남장을 하기도 하고, 알록달록한 멕시코 전통 의상도 즐겨 입었다.

화가 디에고 리베라와 비관습적인 결혼 생활을 이어가던 중 남편의 외도로 고통받기도 했으나 프리다 역시 다른 남성, 그리고 여성을 사랑했다. 러시아의 공산주의 혁명가 레온 트로츠키와 열애에 빠졌고 조세핀 베이커 같은 유명 예술가들과도 염문을 뿌렸으며, 디에고의 여성 연인들과도 사귀었다.

프리다 칼로는 사회적 한계를 뛰어넘는 인생을 살았다. 그녀의 작품과 삶은 계속해서 사람들이 자신의 모순과 경계를 대면하게 하고 있다.

생물학은 젠더를 만들지 않는다

과학자와 사회학자들은 생물학적인 요소가 남성과 여성, 혹은 그 사이와 바깥에 존재하는 다양한 젠더에 얼마나 큰 영향을 미치는가에 대한 논란을 거듭해왔다. 과학자들의 이론과 연구 결과는 서로 완전히 상반되기도 한다.

- 남녀는 정보 입력, 문제 해결, 감정 체험의 방식이 완전히 다르며, 특화된 두뇌의 영역도 다르다.
- 젠더와 성은 생물학적 요인과 어떤 관련도 맺지 않는다.
- 생물학과 사회 구조가 씨실과 날실처럼 엮여서 개인과 집단의 젠더 정체성을 형성한다.

"인간의 두뇌는 모자이크일 수 있지만, 예측 가능한 패턴을 가지고 있다."
— 애덤 M. 체크라우드, 에밀리 J. 워드, 모니카 D. 로젠버그, 에이브럼 J. 홈스, 「인간 두뇌의 모자이크 패턴이 남성과 여성을 구분한다」

학계의 논점은 주로 인간의 두뇌가 행동에 미치는 영향에 관한 것이다. 앞서 "신체적 성"에서 언급한 것처럼 신체의 해부학적 구조와 젠더는 복잡하게 얽혀 있지만 해부학적, 생물학적 성이 그 사람의 젠더를 결정하지는 않는다.

신경과학으로 들어가면 더욱 모호해진다. 많은 과학 논문들이 생물학은 "불변의 사실"이라는 연구 결과를 발표하며 트랜스젠더에 대한 부정적인 편견을 강화한다. 이런 논문들이 인간은 근본적으로 다른 두 부류로 나뉜다는 젠더 본질주의를 이끌고 있다. 남성과 여성은 생물학적으로 각각 다른 특질들의 조합('본질')이라는 관점이다. 연구에 따르면, 사람들에게 (사실이건 아니건) 젠더 본질주의를 지지하는 과학 논문을 읽게 하는 것은 편견을 강화한다.

모든 두뇌에는 남성과 여성의 특징이 혼재되어 있으며, 어릴 때에 어떤 젠더로 성장했느냐에 뇌가 지대한 영향을 받는다는 데에는 증거도 있다. 이러한 학설에서 우리의 두뇌는 스펙트럼 위에 있고 매우 소수의 사람들(0-8퍼센트)만이 극단적인 남성성과 여성성을 보여주며 나머지는 극단적인 남성성과 여성성의 모자이크이거나 그 사이에 있는 특징들의 조합이라고 말한다. 어떤 성장기를 보냈느냐가 어떤 어른이 되는가를 결정하는 요소가 된다는 것이다. 물론 성장 환경에 관계없이 대부분은 동일한 젠더로 나타난다. 그러나 트라우마, 부모의 양육 방식, 역할 모델은 내가 나를 어떻게 생각하고 드러내는지에 영향을 준다.

"인간 사회에서 당신이 태어나는 순간 특정 젠더로 인식되고 길러진다는 사실은 당신의 두뇌에 생물학적인 영향을 준다."
― 신경과학자 마거릿 M. 매카시

의학과 생물학적 맥락에서, 즉 약물 반응을 관찰하거나 정신병 치료법을 찾거나 생식기관의 건강을 돌볼 때에 성별에 대한 고려는 매우 중요하고 반드시 필요하다. 그러나 우리 인간이 어떻게 행동하고 어떤 능력이 뛰어난지를 예측할 때에는 남녀 두뇌의 명확하고 확정적인 구분이 기준이 되어서는 안 된다.

"평균적인 차이를 이야기하다 보면 잘못된 결론을 낼 수도 있는데, 이는 우리 모두가 그렇다는 전제가 들어가기 때문이다. 두뇌는 남성적인 두뇌, 여성적인 두뇌로 분류되는 획일적이고 균일한 기관이 아니며, 모든 맥락에서 같은 반응을 하는 것도 아니다."
― 앤 파우스토 스털링, 브라운 대학교 생물학과 명예교수

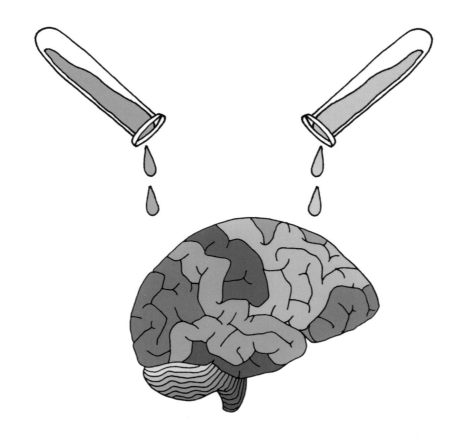

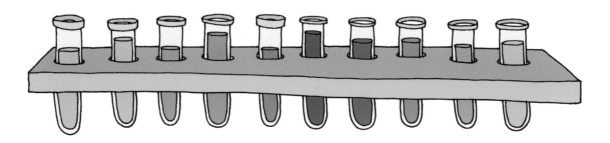

두뇌 무게의 신화

1800년대에는 남성이 여성보다 더 지능이 뛰어난 이유가 남성의 두뇌가 더 크기 때문이라는 이론이 정설로 받아들여졌다. 백인이 다른 인종보다 더 지능이 높다고 여겨진 것도 같은 이유였다.

이러한 생물학적 차이를 "증명하며" 이론으로 정립하려고 한 사람은 폴 브로카라는 남성이었다. 그는 시체의 두개골을 비교 연구해서 자료를 얻었다고 했으나, 이 자료는 그의 인종차별주의와 성차별주의로 왜곡된 것에 불과했다. 그러나 의학 연구의 기준이 생기기 전에 그는 자신의 연구를 객관적인 사실이자 반박이 불가능한 과학으로 제시했다.

브로카는 다음과 같이 썼다. "여성의 두뇌가 더 작은 이유는 여성의 신체가 작기 때문이지 않느냐고 물을 수 있다. [독일의 해부학자인] 티데만이 그렇게 설명했다. 그러나 우리는 평균적으로 여성이 남성보다 지적 능력이 떨어진다는 사실을 잊으면 안 된다. 이 차이를 과장해서도 안 되겠지만 그럼에도 사실은 사실이다. 따라서 여성의 비교적 작은 두뇌 크기가 여성의 신체적, 지적 열등함을 부분적으로 반영한다고 가정하도록 허가받아야 한다."

물론 그의 이론은 완전히 가짜로 증명되었다. 다시 말하겠다. **절대로 과학적 근거와 객관적 자료가 아니다.** 인종 간에는 생물학적인 차이가 없으며 남성과 여성 사이에도 지적 능력의 차이는 없다. 그러나 안타깝게도 브로카의 이론은 이른바 "과학"으로 포장되면서 200년 동안이나 힘을 발휘했다.

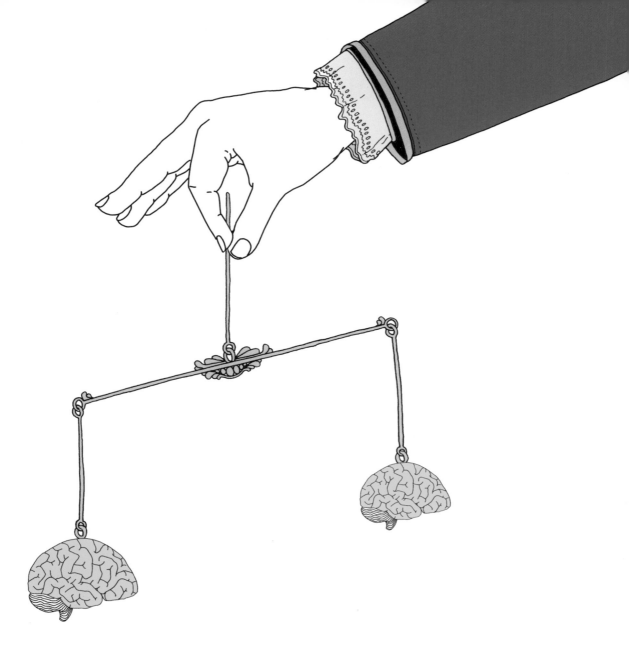

STEM 안의 여성

수많은 제도적 장벽으로 인해서 여성들이 동등한 교육과 취업 기회를 얻지 못하는 일이 많다. 특히 STEM(science, technology, engineering, math) 분야가 그렇다. 이 분야는 과거부터 현재까지 백인 남성들이 지배하고 있다. 사실 여성, 특히 유색인 여성은 학교에서 STEM 자원에 접근조차 하지 못하는 경우가 많으며, 어린 시절부터 강요받은 젠더 역할로 인해서 여학생들의 의욕이 일찍부터 좌절되기도 한다.

어느 시점이 되면, 출생 시 생물학적 성별이 여성(AFAB : Assigned Female at Birth)인 어린이들은 STEM과 관련된 직종에 대한 관심이 부족하다고 간주되고, 이에 따라서 부모들은 소녀들에게 이 분야를 적극적으로 노출시키거나 권장하지 않는다. 그 과정에서 여학생들은 자신이 남학생보다 수학적, 과학적 사고가 부족하다고 생각하면서 위축된다. 스탠퍼드 대학교의 발달심리학과 연구원인 린 비안은 이렇게 말한다. "장기적으로 보면 이러한 고정관념 때문에 젊은 여성들이 뛰어난 성취를 이룰 수 있는 직업, 즉 과학자나 공학자로부터 멀어진다." 여자아이들을 STEM에서 멀어지게 하는 방법은 무척 간단하다. 공구 놀이, 로봇이나 자동차 장난감 놀이, 곤충 채집, 우주와 관련된 책 읽기 등을 보통 소년들의 놀이로 남겨두는 것이다.

역할 모델의 부족도 문제이다. 2012년 미국 국립 과학 재단의 보고서에 따르면, "소수민족과 저소득층 거주 지역의 학교는 백인 상류층 지역의 학교보다 경력이 부족한 교사가 많고, 수학과 과학을 전공한 교사들은 적다." 여성의 기회를 늘리려는 프로그램들도 있고 STEM 분야에서 종사하는 여성의 비율도 늘어나고 있지만, 남녀 동수(同數)가 되기까지는 아직 갈 길이 멀다.

그러니 당신이 부모라면, 자녀와 같이 배우면서 자녀들의 호기심 어린 눈으로 세상을 경험하기를 바란다. 소녀들은 STEM 분야에 결코 관심이 적지 않으며 얼마든지 탁월할 수 있다. 소녀들의 관심과 능력을 키워주는 제도를 만들어주기만 하면 된다.

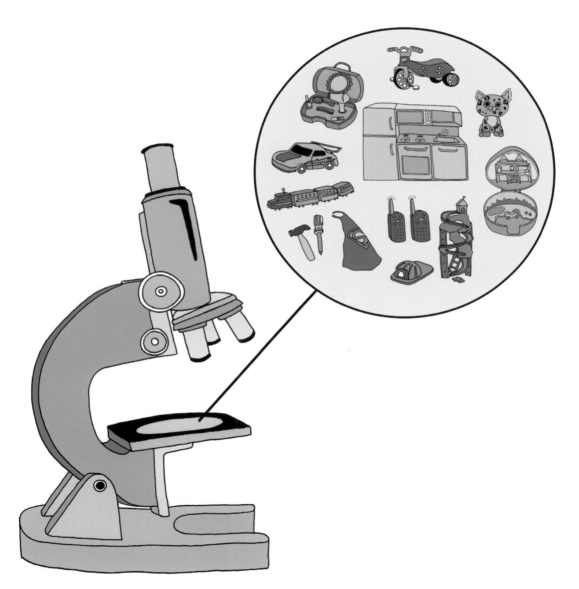

1800년대의 의상

20세기 초반까지만 해도 미국에서는 여아 옷과 남아 옷을 구별하지 않았다. 그전의 몇 세기 동안이나 예닐곱 살 이하의 아동들은 남녀 구분 없이 흰 드레스를 입었는데, 활동이 편하고 실용적이기 때문이었다. 흰 드레스는 표백이나 세탁도 쉬웠고 물려 입기도 좋았다. 소년들은 일곱 살 즈음에야 처음으로 머리를 짧게 자르고 바지와 셔츠를 입기 시작했다.

^ 1884년의 프랭클린 D. 루스벨트가 입은 옷

≫ 1800년대의 여자 속옷이 편안함을 목적으로 고안되지 않았음은 확실해 보인다

루이 14세와 하이힐

현대의 드래그 쇼에 등장할 만한 의상이다.

루이 14세는 선왕이 사망한 후 바로 왕위에 올라 72년간 프랑스를 다스렸다. 즉위는 네 살에 했다(이성적인 결정을 내리기에 안성맞춤인 나이가 아닐 수 없다).

레이스 달린 옷과 굽 높은 신발, 치렁치렁한 모피 외투를 보면서(장발은 그렇다 치자) 남성성은 억누르고 여성성을 살린 의상이라고 생각할 수도 있다. 그러나 이 의상은 명백히 한 국가를 다스리는 군주의 부와 권력, 남성성을 상징한다. 젠더에 따라서 패션이 달라지는 오늘날과 달리 1700년대 프랑스의 패션은 계급에 따라서 달라졌다. 물론 (두 젠더 모두) 젠더화된 옷도 있었지만 귀족만이 특정한 의복을 입었고, 특정한 원단과 미학을 사용한 의상을 입었다.

이 시기에는 실용성(혹은 실용성 부족)이 부의 지표였다. 루이 14세는 하이힐을 전 세계적으로 유행시킨 인물인데, 여성들이 아니라 남성들이 그를 따라서 하이힐을 신었다. 그는 키가 작은 편(163센티미터)이었기 때문에 굽 높은 신발을 신어서 외견상의 권위와 위엄을 더했다. 하이힐은 사실 실용적이지 못한 신발이다. 당시 프랑스 하층민들은 육체노동을 했는데, 높은 굽의 신발을 신으면 일을 하기가 어려웠다. 따라서 힐의 높이는 곧 착용자의 부를 나타내는 지표와도 같았고, 왕궁 바깥에서는 굽 있는 신발이 금지되기도 했다. 서민들이 통굽 신발을 신기는 했지만 이는 절대로 왕이 고개를 숙여서 서민들의 신발을 볼 리가(그래서 잡혀갈 리가) 없었기 때문이다.

한편 상류층의 여성들은 자신의 패션에 남성성을 더하기 위해서, 그리고 재력과 권력을 과시하기 위해서 굽이 있는 신발을 신기 시작했다. 1700년대에는 다양한 형태의 힐이 제작되었다. 남성용 신발에는 더 크고 뭉툭한 네모 모양의 굽이 붙었고, 여성들 사이에서는 끝으로 갈수록 가늘어지는 굽이 유행했다.

1800년대 계몽주의 시대에 이르러서 상류층 의복에서 실용성이 부각되기 시작했다. 남성 패션은 장식과 화려함에서 멀어지고 현대 서구 유럽의 젠더화된 패션이 나타났다. 계몽주의 혁명이 꽃을 피우면서 남성들은 학문을 추구하고 기술이나 예술에 종사했다. 반면 그즈음 여성들은 수동적이고 감정적인 존재로 취급받으며 교육을 받지 못했고, 이는 힐의 비실용적인 속성으로 더욱 강조되었다. 이때부터 힐은 오직 여성성하고만 관련이 있는 패션이 되었다.

스포트라이트
코코 샤넬 (1883-1971)

바지 : 우리는 모두 바지를 입는다. 코코 샤넬이 등장하기 전에는 그렇게 하지 못했다.

프랑스의 패션 디자이너 코코 샤넬은 여성복에 남성복의 요소를 가미하여 현대 패션의 시작을 알렸다. 샤넬은 제1차 세계대전이 끝난 후 급진적인 아이디어를 하나 냈다. 몸을 옥죄는 코르셋에서 해방되었다는 뜻으로 여성들이 간편히 입을 옷을 만드는 것이었다.

1926년에 샤넬은 자신만의 리틀 블랙 드레스를 출시했고, 『보그(Vogue)』지는 그 의상에 "샤넬의 포드"라는 별칭을 붙였다. 포드 사의 모델 T 덕분에 너도 나도 자동차를 소유하게 된 것처럼 샤넬의 드레스가 유행하며 모든 계층의 여성이 간결한 디자인의 드레스 한 벌은 장만할 수 있었기 때문이다.

제2차 세계대전 후 원단 수급이 어려워지자 샤넬은 시대적 한계를 수용하고, 인습에 얽매이지 않으면서 실용성을 강조한 패션 브랜드를 만들었다. 장례복의 색으로 여겨진 검정을 일상복의 색으로 부상시켰고, 단순한 옷에 보석류를 매치하여 부담 없는 가격으로 고급스러운 느낌을 낼 수 있게 했다. 전후의 직장 여성들에게는 남성의 힘을 소환하는 슈트를 입혔다. 당시에는 논란을 부른 일대 사건이었지만, 옷장에 바지가 들어오면서 여성들도 편안하고 실용적인 옷을 즐길 수 있었다.

오늘날 여성 패션의 기본적인 요소인 편안한 재질의 원단, 단순한 실루엣, 유명 상표의 향수, 보석류는 모두 샤넬의 작품이다. 그러나 샤넬은 패션계에서 위대한 전설로 남았음에도 자신이 일으킨 여성복의 혁명을 반가워하지만은 않았다. 여든여섯 살이 된 그녀는 이렇게 말했다. "나는 겸양과 절약을 위해서 바지라는 아이디어를 생각해냈다. 그러나 이것은 유행이 되고 말았다. 저녁 약속 자리에 나온 여성의 70퍼센트가 바지를 입는다는 것은 한편으로는 속상한 일이다."

나는 저녁 약속 자리에 70퍼센트의 여성이 바지를 입고 오는 것은 전혀 속상할 일이 아니라고 생각한다. 저녁 식사 때에 입을 옷을 선택할 수 없는 것이 몇 배나 더 슬프다.

분홍색은 남자 옷, 파란색은 여자 옷

제2차 세계대전은 색의 역사를 바꾼 전환기라고 할 수 있다. 이전까지만 해도 분홍색은 남녀 공용 색이었고 남성 쪽에 살짝 더 가까웠다. 분홍색은 붉은색 계열의 색으로, 피와 전쟁, 힘을 상징한다. 파란색(보통 옅은 파란색인 하늘색)은 온화함, 얌전함, 수동성을 떠올리게 했으므로 여성복에 사용되었다.

미국의 어린이 패션 잡지인 『언쇼스 인펀츠 디파트먼트(*Earnshaw's Infants' Department*)』의 1918년 6월 호 기사에 따르면 "일반적으로 분홍색은 소년들에게 어울리고 파란색은 소녀들에게 어울리는 색깔이다. 더 강하고 급진적인 분홍색은 소년들에게 걸맞고 더 섬세하고 조심스러운 색인 파란색은 소녀들이 입으면 더 예쁘다." 전쟁이 끝나고 남자들이 다시 노동자와 기업인의 자리를 주장하면서 파란색은 힘의 색깔로 채택되었다. 여성들은 노동 인구에서 물러나고 분홍색을 가져가게 되었다.

어린이들은 아주 어렸을 때부터 관습적인 젠더 역할을 충족시키는 장난감이나 옷을 받는다. 소녀들은 왕관을 쓰고 드레스부터 비키니까지 모조리 분홍색 일색인 옷을 입는다. 화장 도구와 인형, 장난감 부엌을 선물로 받는다. 상점가에 가면 주부나 엄마로 한정된 여성상, 도달할 수 없는 미의 기준, 행복한 가정에 관한 메시지의 폭격을 받는다. 반면 소년들은 트럭, 비행기, 공룡이 그려진 파란색 옷을 입는다. 자동차, 총, 블록, 기차, 플라스틱 도구들을 가지고 논다. 소년들은 실용적인 직업과 기술이 얼마나 중요한지 익히고 현실이 어떻게 돌아가는지 배우고, 안타깝지만 폭력도 함께 학습한다.

어린이들이 젠더화된 물건을 접하고 상상 놀이를 하고 놀 때에 젠더 역할을 맡는 것(예를 들면 여아는 부엌놀이, 남아는 경찰과 도둑 놀이)은 자기 인식과 젠더 기대에 중대한 영향을 미친다. 어린이들은 주변 어른들을 보면서 그들의 역할을 모방하고, 젠더 관습을 강화하는 마케팅 전략에도 휘둘린다.

소년들은 웬만하면 분홍색을 가까이 하면 안 될 것처럼 배우지만 사실 남자들이 분홍색에 본능적인 거부감을 느낄 이유는 전혀 없다. 소녀들은 세상의 미적 기준에 따라서 자신의 가치가 결정된다고 믿지만 먼지를 뒤집어쓰는 것을 본능적으로 싫어할 이유도 없다. 아이들에게 그들이 좋아해야 할 것들을 미리 제시하지 말고 스스로 호불호를 결정할 수 있게 하면 우리의 다음 세대는 이 젠더라는 복잡한 세계를 보다 더 능동적이고 기술적으로 평등을 의식하며 항해해나갈 수 있을 것이다.

자신 안에 있는 여성성을 발견하고
감정적이고 연약하며 다정다감한 사람이 된다고 해서
남자답지 않은 남자가 되는 것은 아니다.

진정한 힘은 단순히 신체적 힘에서 나오지 않는다.

남자아이들이 다 그렇지
유해한 남성성은 남성들을 어떻게 변형시켜왔는가

'유해한 남성성'은 전국적으로 성폭력 사건, 사고가 봇물처럼 쏟아져 나오면서 일반인들에게도 익숙한 용어가 되었다. 유해한 남성성이란 감정을 억누르거나 기분을 털어놓지 못하고 분노로 표현하며, 서로에 대한 지배력을 전시하고 여성 및 다른 젠더를 억압하는 식으로 남성의 정체성을 표현하는 것을 말한다. 이 사회가 강요하는 남성성을 획득하는 과정에서는 성희롱, 가정폭력, 성폭력, 여성 혐오, 호모포비아, 약물 남용 같은 유해한 행동이 나타난다. **확실히 짚고 넘어가자. 유해한 남성성은 남성성과는 다르다.** 남성성이 해롭고 부정적인 방식으로 표현되면 유해한 남성성이 된다. 그러나 남성적인 행동을 표방하는 이 세상의 모든 남성이 유해한 남성성에 가담하고 있는 것은 아니다.

이 용어의 기원은 놀랍게도 1990년대 남성 신화 창조 운동에서 찾을 수 있다. 이 운동은 산업혁명 시기에 근원적인 남성성을 강제로 빼앗긴 남성들의 '깊이 내재한 남성성'을 부흥시켜야 한다는 취지로 일어났다. 이들은 남성이 여성과 너무 많은 시간을 보낸 결과, 남성성이 상실되고 있다고 주장했다. 여성과 함께 지내면서 (그들 머릿속에서만 일어나는 일이지만) 페미니스트에게 성차별적이라고 비난받고, 남성들이 경쟁 없이 연대하는 시간을 가지지 못하며, 감정 표현을 해야 한다는 압박을 받아 숨이 막힌다는 것이다. 이렇게 원래 남자들에게 유해한 결과를 가져다주는(그렇다고 여겨진) 사회 현상을 설명하기 위해서 사용된 유해한 남성성이라는 단어가, 오늘날에는 여성과 다른 젠더에게 유해한 영향을 끼치는 것을 의미하게 되었으니 참으로 역설적인 일이다.

스포트라이트
아노니

아노니는 앤터니 앤드 존슨스(마샤 P. 존슨을 기리기 위해서 지은 이름)에서 앤터니 헤가티로 활동했었던 트랜스젠더 가수이자 음악가이다. 장르를 초월한 음악을 발표하며 젠더와 환경 문제에 목소리를 높이고 이 두 가지를 연결하고 있다.

명성과 정체성은 깊이 관련되어 있기 때문에 사람들에게 인정과 찬사를 받은 정체성으로 남아야 한다는 부담도 크다. 따라서 전 세계적으로 알려진 사람이 사적, 공적인 젠더 정체성을 바꾸는 과정을 기꺼이 드러내는 것은 매우 용감하고 비범한 행동이다. 아노니는 거의 20년 동안 앤터니 앤드 존슨스로 경력을 쌓았다. 그녀는 2015년에 아노니라는 이름으로 첫 앨범을 냈다. 직업적으로는 완전히 새로운 정체성이었으나 사생활에서는 오랫동안 써온 이름이었다. 그녀는 말한다. "그 사람이 선택한 젠더로 그를 부르는 것은 그들의 영혼, 인생과 공헌을 존중하는 것이다."

좋건 나쁘건 우리는 유명인들에게서 메시지를 받는다. 자신과 타인에게 무엇을 기대해야 하는지, 문화적으로 무엇이 받아들여지는지를 유명인을 보면서 알아간다. 그래서 아노니의 정체성 전환을 목격하는 것이 중요하다. 그녀는 어떤 사람이 인기 때문에 자신의 정체성을 감추지 않아도 됨을 용감하게 보여주었다. 대중의 주목을 한 몸에 받는 사람이 기존의 정체성을 바꾸고 변신하는 모습을 보면서 우리의 정체성도 얼마든지 바뀔 수 있다는 사실을 알게 된다.

"모든 사람의 내면에는 남성성과 여성성의 스펙트럼이 있다. 모든 개인 안에서 여성 혐오라는 전쟁이 일어나고 있기도 하다. 모든 남성들은 자신 안의 여성성을 속박하고 억누르려고 하며 남성의 가치를 지배 가치로 높이려고 한다. 여성들이 그런 것처럼 남성들도 그렇게 하라고 배웠기 때문이다. 여성 혐오는 그저 여성에게 영향을 미치는 것이 아니다. 남성에게 영향을 미친다."

― 아노니

가부장제

메리엄 웹스터 사전의 정의에 따르면, 가부장제는 "부족이나 가족 안에서 아버지의 패권이 강조되는 사회 구조. 아내와 자녀, 그 자손이나 재산도 남성 가계에 종속되는 형태"이다. 오늘날 이 단어는 남성들(특히 백인 이성애자 남성들)이 권력 구조의 상층부를 차지하고, (전부는 아니라고 해도) 대부분의 힘과 권력을 가지며, 백인 남성이 아닌 사람들을 억압하는 사회나 체제를 설명하기 위해서 주로 사용된다. 가부장제는 그저 남성 경영인이나 대통령이 어떤 회사나 국가에 물리적 힘을 행사하는 데에 그치지 않고 더 미묘하고 추상적인 방식으로 일상에 스며든다.

우리는 거시적이고 미시적인 방식으로 가부장제를 경험한다.

미시적 방식

- 당신은 아버지의 성을 따랐을 것이다.
- 남성과 결혼하면 그의 성을 따르기도 한다.
- 남성은 대체로 가정에서 육아를 적게 담당한다.
- 남성 직장 동료가 당신의 말을 막는다.

거시적 방식

- 대부분의 국가 지도자는 남성이고, 2018년 현재 단 3개 국가의 의회에서만 여성이 다수를 차지하고 있다.
- 남아 선호로 인한 여아 성감별 낙태가 (특히 중국의 1자녀 정책 시기에) 이루어진다.
- 여성은 남성보다 임금이 적다(남성이 1달러를 벌 때 여성은 77센트를 번다).
- 낙태의 합법성이 정부(말하자면 남성들)에 의해서 결정된다.
- 대부분의 역사는 남성이 썼고 지금도 남성이 쓰고 있다(His-story이다).

표면적으로 가부장제 아래에서는 여성만이 고통을 받는 것처럼 보인다. 물론 여성들이 남성들보다 더 살기 힘든 것은 사실이지만 (남자들이 "좀더 웃어요"라는 말을 수시로 들을까? 이는 분명 가부장제적인 요구이다), 가부장제는 모든 사람에게 영향을 미치고 억압의 악순환을 생성한다. 가부장제 사회는 남성에게 남성과 연관된 기질인 공격성, 지배력, 물리적 힘만을 표현하기를 요구한다. 남성들은 다른 남성들보다 더 큰 권력을 가져야 하고, 이는 종종 젠더 억압으로 돌아온

다. 역설적이게도 이 악순환은 남성들에게도 부정적이다. 가부장제는 엄격한 젠더 분리를 강요하며 소년이 한 종류의 남성으로만 자라야 한다고 말한다. 분홍색을 입으면 안 되고 울어서도 안 되고 스포츠를 좋아하지 않는 것은 창피한 일이라고 한다. 엄격한 가부장제 안에서 자란 남성들은 유해한 남성성에 노출되고 어느 정도는 유해한 남성성을 존속시킨다.

가부장제가 남성들에게 물질적인 힘을 가져다줄 수는 있다. 그러나 감정적으로는 실패한 인간을 키울 수도 있다. 억압과 차별이 이루어지는 관계에서 억압하는 사람에게 어떤 행동을 해야 하는지를 가르치는 것은 억압받는 사람(이 경우에는 여성과 시스 남성이 아닌 남성)의 의무가 아니다. 그러나 취약 계층은 (경험을 통해서) 가부장제의 해악에 대해서 가장 정확하게 파악하고 있고 따라서 이를 타파하는 것도 그들의 몫이라는 부담을 느낀다. 소위 "감정이 풍부한 젠더"로 여겨지는 여성은 감정노동의 형태로 남성을 위해서 계속해서 그 일을 대신 해왔다. 감정노동이란 감정적인 힘을 사용해 자신의 감정뿐만 아니라 주변 사람들의 감정까지 조절하고 관리하는 것을 말하며, 이는 매우 지치는 일이다. 가정에서는 가사와 육아, 대소사 관리, 갈등 상황에서 먼저 대화를 시도하기 등의 형태로 이루어진다. 그러나 이 노동은 일반적으로 인정을 받지도 않고, 감사받지도, 대우받지도 않는다. 전통적으로 여성들이 다수인 직종은 감정노동을 기반으로 한 간호사, 서비스 종사자, 사회복지사, 상담사, 보육 교사, 교사 등이다. 그러나 어느 직종이든 여성들은 감정노동을 요구받는다. 여성들이 관계를 원만히 유지하거나 "배가 가라앉지 않게" 해야 한다고 여겨지기 때문이다.

지난 수천 년간 지속된 남성 우월주의 체제가 변화해야 더 평등한 사회가 이루어질 수 있다. 가부장제와 싸우기 위해서 남성들이 해야 할 일은 다음과 같다.

1. **당신이 의도적으로 무엇인가를 하지는 않았지만 당신도 문제의 일부라는 사실을 인정한다.** 남성으로서의 특권이 직접적으로 이익이 되지는 못한다고 느낀다 해도 당신에게 특권이 있음을 받아들인다. 내가 나의 특권을 택하지 않았지만 우리가 타인에게 어떤 영향을 미치는지 이해하려면 먼저 특권을 특권으로 받아들여야 한다.

2. **여성, 트랜스, 젠더퀴어, 어린이들의 말을 듣는다.** 당신의 의견은 본래부터 더 뛰어나거나 더 독창적이거나 더 중요하지 않다. 당신은 그저 더 큰 확성기를 받았고, 더 많은 관중이 있었을 뿐이다. 모임에 가면 말하기보다는 듣는 연습을 하라. 다른 사람이 말하는 도중에 끼어들지는 않는지, 만약 그렇다면 누구의 말에 끼어들고 있는지 관찰하라.

3. **어린이들에게 감정을 표현해도 될 뿐만 아니라 감정을 표현하는 것은 좋은 일이고 건강한 일이라고 가르친다.** 어린이들에게도 사는 것은 힘들고 슬플 수 있다. 그러니 얼마든지 울 수도 있다! 어린이들에게 젠더는 넓은 스펙트럼이라고 말해주고 젠더를 표현하는 방법이 단 한 가지만 있는 것은 아니라고 알려준다. 어린이들을 매우 중요하고 똑똑한 개인으로 대하고, 그들의 생각도 들을 가치가 있다고 느끼게 한다.

4. **감정을 잘 소화하는 법을 배우고 싶다면**

상담을 받고 자기 몫의 감정노동을 한다. 상담을 받기가 힘들다면 남자가 아닌 친구들에게 상담하기 전에 남자인 친구들에게 먼저 말을 꺼낸다. 기억하자. 억압받는 자가 억압하는 자에게 억압하지 않는 방법을 가르칠 의무는 없다.

5. **당신의 남자 친구, 가족, 동료들이 성, 인종, 성소수자, 장애인, 노인에 대해서 차별적인 발언이나 행동을 할 때에 지적한다.** 공격적인 언행을 하는 사람을 대놓고 지적하는 것은 매우 불편하고 두려운 일이다. 그러나 당신을 지키는 일과 당신의 공동체가 차별적이거나 해로운 행동을 하지 못하도록 하는 일은 무척 중요하다.

6. **성희롱 혹은 성희롱을 암시하는 이야기들을 참지 않는다.** 폭력에 관한 지인들의 "라커룸 토크(lockder room talk)"도 마찬가지이다. 반드시 피해야 한다.

7. **시간당으로 더 버는 23센트를 기부한다.** 여성, 퀴어, 트랜스, 성폭력 상담소, 가정폭력 보호소, 소녀들을 위한 STEM 프로그램, 도움이 필요한 이들을 위한 동네의 작은 기부기관을 찾아서 기부한다.

8. **여성을 지지하기 위해서 나선다.** 집회에 나서고 행사에서 자원봉사를 하며 시간과 능력을 투자하고, 당신의 위치를 이용해서 여성을 지지하는 행사에 접근이 어려운 사람들에게도 이들의 메시지를 알린다.

9. **교차성이 가부장제 안에서 어떤 역할을 하는지를 생각한다.** 그러나 숙제가 있다. 당신은 백인인가? 유색인에 비해서 그 자리를 쉽게 얻었는가? 당신과 같은 자격이 있는 여성이나 유색인 남성, 퀴어에게 그 자리를 양보할 수 있는가? 상사가 그들과 당신에게 동일한 임금을 주고 있는지 확인할 수 있는가? 당신의 인종이 가부장제 내에서 당신의 위치에 어떤 영향을 미쳤는가? 당신의 계층은? 당신의 섹슈얼리티는?

10. **공부한다.** 추천 자료를 원한다면 227쪽을 참고하라.

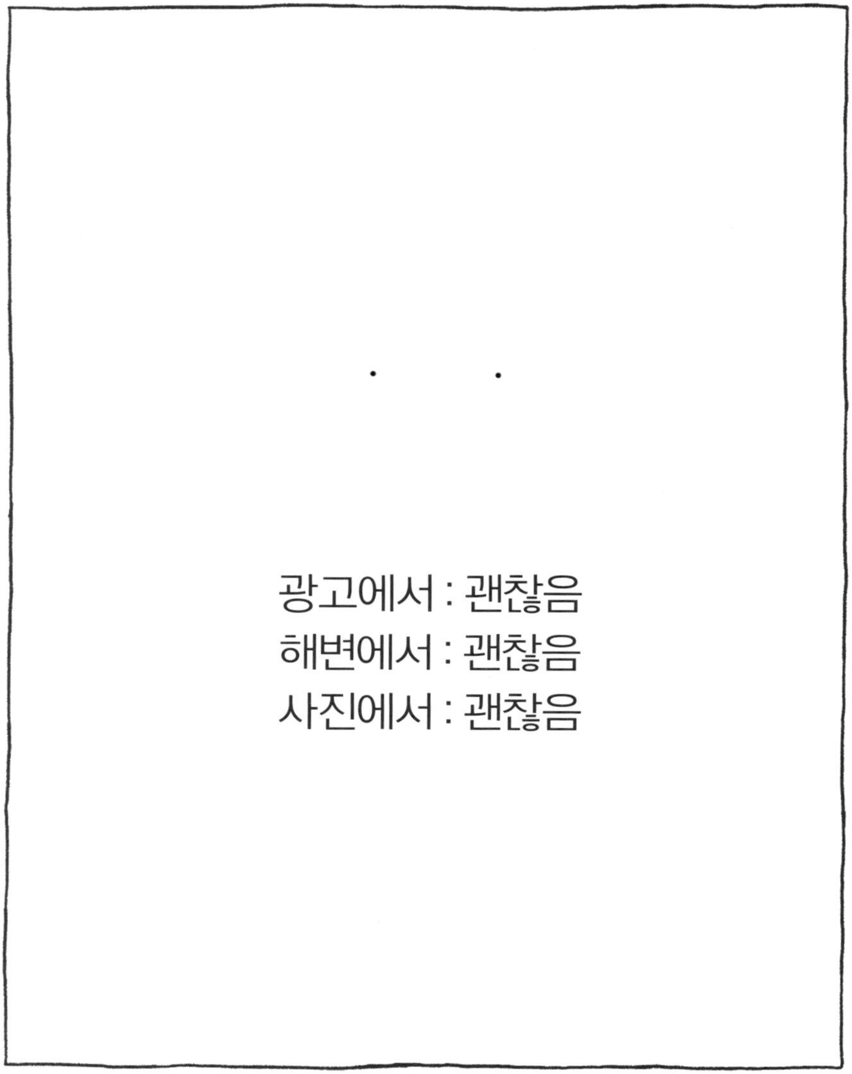

· ·

광고에서 : 괜찮음
해변에서 : 괜찮음
사진에서 : 괜찮음

광고에서 : 괜찮지 않음
해변에서 : 괜찮지 않음
사진에서 : 괜찮지 않음

사자

보츠와나의 오카방고 델타에 있는 모레미 야생 보호 구역 내의 몸보 지역에서 갈기가 풍성하고 우렁차게 포효하며 가끔 수컷처럼 암컷에게 짝짓기 행위를 시도하는 암사자가 몇 마리가 발견되었다. 원인은 정확하게 밝혀지지 않았지만 테스토스테론 분비 수치가 평범한 암사자보다 높아서 나타난 현상으로 보인다. 이렇게 추측하는 이유는 갈기가 있는 암사자가 불임으로 보이기 때문이다(이 암사자는 짝짓기는 하지만 임신은 한 번도 하지 않았다).

이 암사자들은 외부 동물들을 속일 수 있고 포식자들과 경쟁자들로부터 자존심을 지킨다.

스포츠

스포츠의 세계에는 선수들을 인종, 젠더, 혹은 인종과 젠더에 따라서 차별해온 길고 긴 역사가 있다. 이전보다는 인종 통합적이고 젠더도 잘 표현되지만 여전히 이 세계에 있는 사람들(혹은 진출하고자 하는 사람들)이 평등한 장소로 가기 위해서는 넘어야 할 산이 많다.

운동선수들, 일반적으로 젠더 정체성이 여성인 사람들에게 큰 문제가 되는 것은 "성별 확인" 절차이다. 이는 운동선수들의 신체와 해부학적 구조, 유전자, 호르몬을 검사하여 그 선수들이 경쟁하는 선수들과 같은 성인지 확인하는 과정이다.

성별 확인은 1950년대에 국제 육상경기 연맹에서 표준화했고, 1968년에는 국제 올림픽 위원회의 정식 절차가 되었다. 최초의 검사는 이른바 '나체 행진'의 형태로 이루어졌는데, 이 말을 듣고 떠오르는 그대로라고 보면 된다. 여자 선수들은 의사에게 나체를 보여주면서 자신은 남성이 아니라고 증명한 후에야 같은 여성과 경쟁하여 부당한 이익을 취하지 않는다는 사실을 확인받을 수 있었다.

이 절차는 1968년에 유전자 검사로 확대되었다. 이 책의 인터섹스 부분에서 설명했듯이 유전자는 매우 다양해서, 그 사람의 젠더 정체성과 인체의 해부학적 특질, 이차 성징과 성 발현에 영향을 미치지 않을 수도 있다. 유전자 검사를 이용해서 그 사람의 젠더 및 성별을 결정하는 방법에는 오류가 있다. 또한 이것은 사생활 침해이며 차별이고 모욕이다.

성별 확인 절차는 1992년 국제 육상경기 연맹에서 공식적으로 폐지되었고, 1999년에는 국제 올림픽 위원회에서도 금지되었다. 그러나 "합리적 의심에 의한" 성별 확인은 여전히 허가되고 있다. 트랜스젠더 선수는 경쟁에 참가할 수는 있으나 공식적인 법적 문서가 있어야 하고, 성전환 수술과 호르몬 치료를 받아서 "지정 성별에 적합해져야" 한다.

최근에는 호르몬 검사를 하여 선수에게 여성의 테스토스테론 수치가 높은 증상인 안드로겐 과잉증이 있는지 확인한다. 안드로겐 과잉증이 있는 선수들은 기량이 압도적이기 때문에 부당한 이익을 취할 수 있다는 이유이다. 당사자가 젠더 정체성을 바꾸려고 하

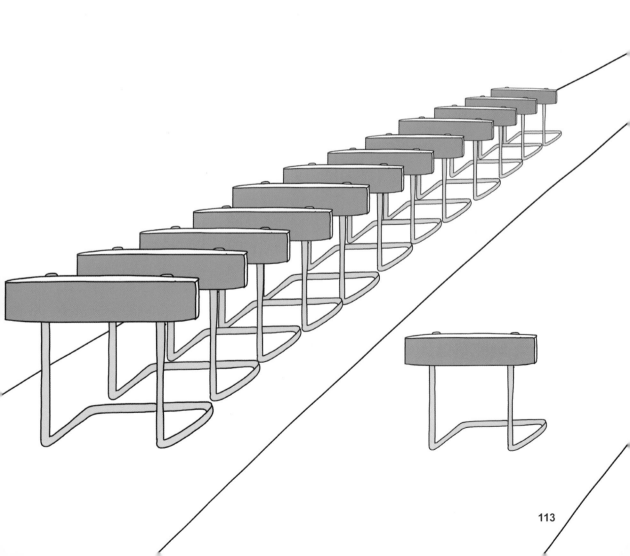

지 않는 이상 안드로겐 과잉증은 젠더 정체성을 바꾸지 않는다. 젠더 정체성은 의사나 선수 협회가 결정할 수 없다. 『사이언티픽 아메리칸(Scientific American)』에 따르면, 약 2퍼센트에 해당하는 남자 선수들의 테스토스테론 수치는 "여성 평균치"에 속한다.

국제 올림픽 위원회의 규칙은 다음과 같다.

- 남성은 검사를 받지 않는다. 1명도 받지 않는다.
- 남성 스포츠에서 경쟁하는 트랜드젠더 남성은 검사받지 않는다.
- 트랜드젠더 여성은 검사를 거쳐야 하며 테스토스테론 수치가 기준에 부합해야 여성 스포츠 경기에 참가할 수 있다.

이 차별적인 절차에 영향을 받은 운동선수들은 다음과 같다.

○ **푸케 딜레마 (네덜란드)** 여러 문서들에 따르면, 그녀는 1950년에 검사를 거부했거나 검사 결과 때문에 출전을 거부당했는데, 구체적인 내용은 밝혀지지 않았다. 둘 중 무엇이건 성별 확인 때문에 그녀의 경력은 끝났다.

○ **에바 크워부코프스카 (폴란드)** 1967년에 올림픽 경기와 프로 스포츠 경기의 출전이 금지되었다. XX/XXY 염색체 섞임증이 있기 때문이었다.

○ **러네이 리처즈 (미국)** 트랜스젠더 여성으로 1976년 유전자 검사를 거부해 US 오픈 출전을 금지당하자 전미 테니스 협회를 고소했다(그리고 승소했다).

○ **마리아 호세 마르티네스-파티뇨 (스페인)** 1986년 국제 육상경기 연맹의 유전자 검사를 통과하지 못해 경기 출전이 금지되었다. 연맹과 소송을 벌인 이후에 출전이 허가되었다. 이 사건이 보도되면서 성별 확인 절차의 피해가 대중에게 알려졌다.

○ **프라티마 가온카 (인도)** 2010년 성별 확인 결과가 발표되고 공개적으로 수치를 당하자 자살했다.

○ **듀티 찬드 (인도)** 2014년 안드로겐 과잉증으로 판별되어 영연방 경기대회의 출전을 금지당했다. 소송 끝에 여성으로서 출전 자격을 회복했고, 국제 올림픽 위원회는 여성에게만 강요되던 테스토스테론 수치를 철회하겠다고 발표했다.

세레나 윌리엄스
스포츠, 인종, 젠더의 교차성

여성은 프로 스포츠 선수가 되어서도 사회가 기대하는 여성성을 유지해야 한다는 압박을 받는다. 날씬해야 하고 여자다워야 하며 연약해야 하고 공격적이어서는 안 된다.

세레나 윌리엄스는 많은 면에서 스포츠, 인종, 젠더의 교차성을 대표하며, 그 정체성이 가진 많은 모순도 함께 가지고 있다. 그녀는 백인 선수들의 독무대였던 스포츠에서 흑인 여성으로서 최정상에 올랐다. 그러나 그녀는 압도적인 기록에도 불구하고(2002년부터 2017년까지 여덟 차례나 세계 1위를 차지했다), 그녀를 압도적인 선수로 만들어주었던 근육질 몸매(그리고 그녀가 입는 의상), 신체적 힘, 불합리를 받아들이지 않는 단호한 태도 때문에 입방아에 오르고는 했다. 이는 미국 사회에서 흑인의 몸, 특히 흑인 여성의 몸이 은밀하고도 공공연하게 성적 대상이 되고, 대상화되며 악마화되고 비난받아온 역사와 긴밀히 연결되어 있다.

2018년 9월 세레나는 경기 중에 코치에게 지시를 받았다는 이유로 주심의 경고를 받았다. 이후 경기가 잘 풀리지 않은 세레나가 테니스 라켓을 내동댕이치자 심판은 '포인트 페널티'를 주었다. 세레나가 심판을 "점수 도둑"이라고 부르며 강하게 항의하자 게임 패널티가 주어졌고, 결국 세레나는 경기에서 패배했다. 경기가 끝나고 그녀는 "코칭"과 "(심판에 대한) 언어폭력", 라켓을 던진 건을 합쳐 총 1만7,000달러를 벌금으로 지불해야 하는 징계를 받았다. 남성 선수들도 흥분을 하고 라켓을 던지며 소리를 지르지만, 심하지 않은 경우에는 벌칙이나 벌금이 부과되지 않는다. 사건 이후에 그녀의 외모를 희화화하면서 화난 흑인 여성으로 묘사한 만평이 등장했다. 이는 노예제 시대부터 존재해온 인종차별과 고질적인 성차별을 드러낸다. 그 만평에서 세레나는 악을 쓰고 억지를 부리고 있으며, 바닥에는 고무젖꼭지가 떨어져 있다. 그녀는 자신의 행동을 이렇게 변호했다. "저는 여성의 권리를 위해, 여성의 평등한 권리를 위해서 싸웁니다……내가 '점수 도둑'이라고 말하자 심판은 경기를 빼앗았습니다……만약 남자 선수가 '도둑'이라고 말했다면 절대 경기를 빼앗기지 않았을 것입니다."

2017년 그녀의 만삭 화보가 『배니티 페어 (Vanity Fair)』의 표지를 장식했다. 우아함과 자신감이 돋보이는 아름다운 사진으로 세계적으로 화제가 되기도 했다. 그녀의 풍만한 굴곡과 존재감은 패션 잡지 표지를 장식하기에 손색이 없었다. 그러나 2018년 8월 세

레나가 검은색 캣슈트(너무나 근사한 기능성 스판덱스 원피스였다)를 입자 프랑스 테니스 연맹의 회장인 베르나르 주디첼리는 그 의상을 금지하며 이렇게 말했다. "선수는 게임과 장소를 존중해야만 합니다."

"잠깐, 뭐라고요?"

프로 여성 테니스 경기를 관전해본 적이 있다면 여자 선수들의 의상이 그리 점잖지는 않다는 사실을 바로 알 것이다. 여자 테니스 선수들은 주로 짧디 짧은 미니스커트 안에 속바지를 입고 딱 달라붙는 탱크탑을 입는다. 윌리엄스는 경기장 내외에서 늘 대담하고 여성적이며 패션 지향적인 의상으로도 주목받았었다. 이 캣슈트는 팔을 제외한 몸 전체를 가렸다. 누구든 문제는 그 옷 자체가 아니라 누가 그 옷을 입었는지였다고 생각할 수밖에 없다. 연맹은 의상이라기보다는 그 의상이 드러내는 세레나의 몸, 즉 강하고 아름다운 몸, 1년 전에 제왕 절개 수술로 아기를 출산한 흑인 여성의 몸을 못마땅해한 것이다. 이 슈트는 굉장히 세련되었으면서도 실용적이었으며, 세레나가 이 옷을 고른 데에는 건강상의 이유도 있었다. 세레나는 출산 이후 폐색전을 앓았고, 혈전 생성을 막는 전신 캣슈트는 그녀가 빨리 코트로 복귀할

수 있었던 이유이기도 했다. 윌리엄스는 슈트에 대한 질문을 받자 이렇게 대답했다. "이 옷을 입으면 전사가 된 느낌입니다. 와칸다의 전사 왕비라고 할까요……어쩌면 저는 언제나 슈퍼히어로가 되고 싶었는지도 모릅니다. 이것은 나만의 슈퍼히어로 복장입니다."

프랑스 테니스 연맹은 기본적으로 이렇게 말한 것과 같다. 아니요, 우리는 당신이 강하고 힘세고 건강하고 스스로를 천하무적으로 느끼기를 바라지 않습니다. 그보다는 보는 우리를 편안하게 해주기를 바랍니다. 인종과 젠더 편견이 있는 사람들은 세레나의 몸을 지나치게 남자 같은 몸이라고 비하하는가 하면 그녀가 오직 신체적 이점 때문에 성공한 것처럼 말하기도 한다. 그러나 그녀의 성공 요인은 훈련이며 헌신이고 평생 동안 그 운동에 바친 시간이다. 그렇다. 그녀의 몸은 힘차다. 그러나 그 스포츠를 정복한 것도 그녀의 힘이다.

윌리엄스는 이렇게 말하기도 했다. "맙소사, 절대로 제가 4사이즈가 될 수는 없죠! 그런데 대체 내가 왜 그래야 하죠?……이게 나예요. 이 몸이 나의 무기이고 도구입니다."

백인 페미니즘

"[『여성성의 신화(*The Feminine Mystique*)』에서 베티 프리단은] 자신과 같은 여성이 가사노동에서 해방되어 백인 남성과 같은 직종에 종사할 때 누가 집으로 와서 아이를 돌보고 집안일을 했는지에 대해서는 논하지 않았다. 남편, 자녀, 집이 없는 여성들의 필요와 욕구에 대한 말도 꺼내지 않았다. 비백인 여성과 빈곤층 백인 여성의 존재 자체를 무시했다. 여유 시간과 돈이 있는 여성, 여성성의 신화를 모델로 자신의 정체성을 만들 수 있는 여성만을 주체로 삼았다."
— 벨 훅스, 『페미니즘 : 주변에서 중심으로(*Feminist Theory: From Margin to Center*)』

백인 페미니즘(화이트 페미니즘)이라는 용어는 주로 백인 여성들과 관련된 문제에만 치중하면서 백인의 특권은 인정하지 않는 페미니스트 운동을 설명할 때에 사용된다. 이는 미묘하면서도 노골적으로, 사소하면서도 거대한 방식으로 나타난다. 1960년대에 등장한 페미니즘 제2의 물결은 전후 미국 사회에서 여성들의 주부 역할에 대한 반동으로 일어난 운동이다. 베티 프리단, 글로리아 스타이넘, 시몬 드 보부아르 같은 백인 작가와 사상가들이 이 시기의 페미니스트 운동을 대표하는 인물이었는데, 이들은 주로 일자리, 불평등, 성적 자유 같은 문제들에만 집중하면서 인종, 계급, 섹슈얼리티를 고려하는 교차성의 관점은 무시했다. 그러나 벨 훅스 같은 저자와 운동가들은 유색인 여성의 목소리를 가져오면서 흑인 여성들의 이중고를 보여주기도 했다.

오늘날까지도 우리는 비백인 페미니스트들보다는 백인 여성 페미니스트들을 훨씬 더 자주, 더 크게 떠받드는 경향이 있다. 그러나 그들은 이질적인 관점을 포용하는 데에는 여전히 실패하고 있고, 잘못된 젠더 형평성 관점을 퍼트리기도 한다. 가령 이들은 터프(TERF : Trans Exclusionary Radical Feminist,

트랜스를 배제하는 페미니스트)의 관점을 수용하거나, 노골적인 인종차별주의와 계급주의적 관점을 허용하기도 한다. 백인 페미니즘의 원칙들에도 평등의 중요한 논점이 있지만, 복합적이고 다양한 관점은 부족하다.

현재는 앞으로 나아가야 하는 시점이지만, "깨어 있던" 자신들에 여전히 도취된 백인 진보층은 해방 운동을 시작하고 이끌었던 또 다른 수많은 집단을 무시하고 있다. 인권 운동의 이정표와도 같은 동성 결혼 합법화, 워싱턴의 여성 행진, 에이즈 연구의 진척 등의 사건에서 중요한 역할을 했음에도 주변부에서 가장 탄압받던 집단인 흑인 남녀, 원주민, 이민자, 무슬림, 트랜스 여성, 장애인, 성노동자, 젠더퀴어, 농민들의 존재는 지워져 있다. "화이트워싱"이란 역사적인 사건들, 언론과 매체 기사, 영광이 백인들에게만 돌아가고 그 일을 벌어지게 했거나 인정받을 일을 한 비백인들은 지우는 것을 말한다.

미국의 역사는 전반적으로 백인 남성들의 관점(나중에는 백인 여성의 관점)에 치우쳐 있다. 사회, 정치 운동을 이끌었던 유색인 여성들에게는 마땅한 영광과 인정이 돌아가지 않는다. 결국 우리는 이런 결론에 이르게 된다. 제도적이며 일상적인 차별을 직접 당한 사람들이 그것을 해체하기 위해서 더 적극적으로 노력하는 경향이 있다. 차별에서 이익을 얻는 사람들은 그들에게 힘, 돈, 자유, 자원의 통제권을 부여하는 제도를 바꾸어도 특별한 이익이 없다(물론 인간으로서의 도리와 평등에 대한 소망은 충족된다).

흑인 여성은 저항의 기둥이다

1800년대부터 해방, 권리, 자유를 위해서 싸운 위대한 여성들을 모아보았다.

다이앤 내시 인권 운동가이자 지도자이며, 인권 운동의 학생 지부에서 활동한 전략가이기도 하다.

도러시 하이트 박사 흑인 공동체의 여성 문제를 조명한 교육자이며, 시민 운동가이기도 하다.

레나 혼 가수이자 댄서, 인권 운동가. 아프리카계 미국인으로서는 최초로 미국 배우 조합의 위원으로 활동했다.

로자 파크스 인권 운동가로, 버스에서 백인 승객에게 자리를 양보하지 않으면서 "해방 운동의 어머니"로 불리게 되었다.

루비 브리지스 미국 사상 최초로 뉴올리언스의 윌리엄 프란츠 백인 학교에 입학한 흑인 학생. 루비 브리지스 재단을 설립했다.

마야 안젤루 시인이자 가수, 시민 운동가, 교수이며, 최초의 흑인 여성 자전적 수필 작가이기도 하다. 시 낭송 앨범 "새장에 갇힌 새가 왜 노래하는지 나는 아네"로 그래미 상을 세 번 수상했고, 대통령 훈장과 예술 훈장을 받았으며, 50개가 넘는 명예 학위를 받았다.

마조라 카터 도시 재개발 운동가이며, 비영리 조직인 지속가능한 사우스 브롱크스을 창립했다.

머핼리아 잭슨 전설적인 가스펠 가수이자 시민 운동가

메리 처치 테럴 참정권자이자 시민 운동가. 대학에서 학사 학위를 받은 최초의 흑인 여성 중의 한 명이다.

메이 제미슨 NASA의 우주비행사이자 무용수, 교수, 엔지니어, 의사. 아프리카계 미국인으로서 최초로 우주를 여행했다.

베시 콜먼 최초의 흑인 원주민 여성 비행기 조종사

셜리 크리스홀름 대통령 선거에서 주요 정당의 후보로 나선 최초의 아프리카계 미국인(조지 맥거번에게 패배)이다. 미국 의회 흑인 의원 모임과 미국 여성 의원 모임의 창립 멤버이기도 하다.

셉티마 포인셋 클라크 교육자이자 시민 운동가이다. 또한 NAACP 찰스턴 지부의 부의장이자 디프 사우스의 성인 교육기관인 시민 학교)의 설립자이기도 하다.

소저너 트루스 노예 해방론자. 흑인들의 북군 입대를 도와주었다.

아사타 샤쿠르 흑인 해방군의 일원

아이다 B. 웰스 미국의 언론인이자 참정권론자. 미국 흑인 지위 향상 협회의 공동 창립자이기도 하다.

안젤라 데이비스 작가, 교수, 교도소 및 감옥 폐지 운동가이며, 비판적 저항 운동 시민 연합인 크리티컬 리지스턴스를 공동으로 창립했다.

알리시아 가르사, 패트리세 칸-쿨러스, 오펄 토메티 "흑인의 생명은 중요하다" 운동을 창시했다.

엘라 베이커 시민 운동가이며, 비폭력 학생 협력 위원회의 자문가이기도 하다.

오드리 로드 작가이자 자유주의자, 인권 운동가

일레인 브라운 흑인 해방을 기치로 내걸었던 무장 조직인 흑표당의 여성 의장으로, 감옥 폐지 운동가이자 가수, 작가이다.

주아니타 홀 1950년에 영화 「남태평양」을 통해서 흑인 최초로 토니 상을 수상했다.

캐서린 존슨 미국 항공 우주국(NASA)에서 일했던 최초의 흑인 여성 수학자

캐슬린 클리버 법대 교수이자 흑표당의 정보 장관

코레타 스콧 킹 인권 운동가

클로뎃 콜빈 인권 운동의 선구자로, 로자 파크스가 자리를 양보하는 것을 거부하기 9개월 전에 버스에서 자리 양보를 거부하여 체포당했다.

파울리 머리 변호사이자 저자, 목사. 전미 여성 기구를 공동으로 창립했다.

패니 루 해머 시민 선거 운동가이자 자유민주당 부의장이며, 여성 정치 연맹을 공동으로 창립했다.

플로 케네디 변호사이자 시민 운동가. 카우보이 모자 애호가이다.

필리스 휘틀리 시집을 출판한 최초의 아프리카계 미국인 시인

해리엇 터브먼 노예 해방 운동가로, 주인에게서 탈출해 언더 그라운드 레일로드 조직을 통해서 300명 이상의 사람들을 노예 신분에서 해방시켰다.

그리고 변혁을 위해서 싸워왔고 앞으로도 싸울 셀 수 없이 많은 사람들이 있다.

스포트라이트
마샤 P. 존슨 (1945-1992)

마샤 P. 존슨(P는 "pay it no mind[신경 안 써]"를 상징)은 LGBTQ+ 해방 운동의 기념비적 인물이다. 그녀는 흑인 트랜스젠더 여성으로, 뉴욕에서는 "크리스토퍼 가의 여왕"으로 불렸다. 개성 넘치는 드래그 퀸이자 모델이었고, 평생 사회 운동가로 활동했다. 몸담았던 지역 사회에서 큰 사랑을 받았으나, 퀴어 서사와 트랜스젠더 역사에서 자주 잊힌다.

존슨은 스톤월 항쟁의 주역이었고, 이후에는 게이 해방 전선(Gay Liberation Front)에서 활동했다. 게이 해방 전선은 구조적인 젠더 불평등과 이성애 핵가족만을 이상화하며 사회 구심으로 삼는 이성애 중심주의을 타파하고자 만들어진 시민 운동 단체였다.

존슨은 트랜스젠더 운동가 실비아 리베라와 함께 퀴어 노숙자, 청소년 드래그 퀸, 성노동자, 트랜드젠더 청소년을 위한 뉴욕의 쉼터 STAR(Street Transvestite Action Revolutionaries)를 조직하기도 했다. 자신 또한 성노동자였고 종종 노숙자이기도 했던 존슨은 사회적 혜택을 전혀 받지 못하는 뉴욕의 성노동자들에게 필요한 것들을 제공하는 것이 얼마나 중요한지 알았다. 이 쉼터는 더 이상 존재하지 않지만, 노숙자 퀴어 청소년들을 위한 복지 단체의 본보기가 되었다.

1980년대에도 LGBTQ+ 인권 운동을 했고 에이즈 인권 운동 단체인 ACT-UP(AIDS Coalition to Unleash Power)에서 활동했다. 이 단체는 적극적 실천과 행동으로 성공을 거둔 후 전 세계로 뻗어나가 오늘날 에이즈 사회를 지탱하는 대규모 단체로 성장했다.

존슨은 평생 정신 건강 문제로 고통받았는데, 이 때문에 1992년의 사망이 자살로 추정되기도 한다. 그녀는 실종 후 허드슨 강에서 시체로 발견되었다. 그녀를 사랑한 주민들은 사인이 타살이라고 믿었고, 2012년에는 그녀의 친구들이 뉴욕 경찰에 이 사건을 살인 사건으로 재조사해달라고 요청하기도 했다. 이 사건은 아직 미제로 남아 있지만, 그녀는 힘과 희망, 영감의 상징이자 퀴어 해방을 위한 싸움의 지도자로 기억된다. 퀸 마샤의 유산은 앞으로도 영원히 살아 있을 것이다.

흑인 소년이 흑인 남성이 될 때 ①
흑인 남성들에게 유독 폭력적인 경찰

"사회가 어린이를 대하는 방식은 그 사회의 영혼을 드러내는 가장 중요한 척도이다."
― 넬슨 만델라

미국의 흑인 소년들은 자신들에게 불리한 사회 구조에 갇혀 있다.

어떤 사회 문제의 원인이 무엇이고, 왜 복잡한지를 이해하기 위해서는 우리의 정체성과 타인의 정체성을 반드시 고려해야 한다. 많은 경우 젠더와 인종 정체성을 가장 먼저 인지하고 이를 유일한 정체성으로 대하는데, 그러면서 이 두 가지가 교차하는 지점을 놓칠 때도 있다. 경찰 폭력, 흑인 소년들에게 불리한 학교 제도, 흑인 남성들에게 불리한 사법 제도를 살펴볼 때에는 인종과 젠더, 두 가지 요소를 동시에 고려해야 한다.

경찰들에게, 그리고 대중문화 속에서 흑인 소년들은 존재하는 거의 모든 공간에서 의심을 받는 것 같다. 백인 부촌에서, 흑인 밀집 지역에서, 수많은 공공장소에서 그들은 수상하고 위험한 사람 취급을 받는다. 길을 가다가 경찰에게 무작위 검문을 받는 사람의 대다수는 흑인 남성이다(이 수색 방식은 대체로 폭력적이고 때로는 목숨을 위협한다). 어릴 때부터 흑인 소년들은 경찰을 보면 공포에 떤다.

한 연구에 따르면, 흑인 소년과 백인 소년이 똑같은 행동을 하더라도 경찰은 흑인 소년의 나이는 실제보다 많게, 백인 소년은 실제보다 어리게 인식한다고 한다.

"실제보다 높은 연령으로 취급받는 흑인 소년들은 너무 이른 나이부터 자신의 행동에 책임을 져야 한다. 그러나 같은 연령의 다른 인종은 같은 행동을 해도 순진하고 미숙하다며 이해를 받는다."
― 「순진함의 본질 : 흑인 어린이들의 인간성 말살 결과」

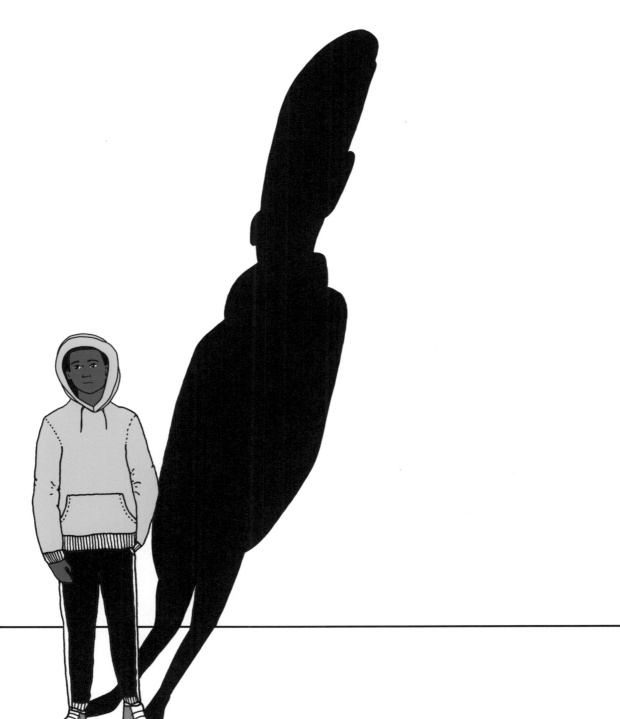

이렇게 잘못된 근거에서 비롯된 오해는 흑인 소년들을 함정에 빠뜨린다. 그들은 경찰이 접근할 때 어떤 방식으로 대응하더라도 잠재적인 위험에 처한다.

① 총을 맞지 않기 위해서 도망간다.
② 가만히 있다가 실수로 움직인다. 이 경우에는 소지한 무기에 손을 뻗는 행동으로 의심을 받는다.
③ 얌전히 서서 차분하게 질문을 하다가 밀쳐지고 넘어진다.

어릴 때부터 사법 제도에 공포를 가지는 흑인들은 성인이 된 후에 경찰에게 조사받고 검거되는 것을 운명처럼 받아들이기도 한다.

지난 10년간 비무장 상태에서 경찰에게 사살당한 흑인 남성들의 이름은 다음과 같다. 아마두 디알로, 숀 벨, 오스카 그랜트, 에런 캠벨, 올랜도 발로, 스티븐 워싱턴, 마이클 브라운, 프레디 그레이, 트레이본 마틴, 켄드렉 맥데이드, 키마니 그레이, 필란도 커스틸, 조던 에드워즈, 올턴 스털링, 월터 스콧, 에릭 가너, 타미르 라이스.

「워싱턴 포스트(*The Washington Post*)」에 따르면 2016년 경찰에게 총으로 사살된 963명 중에서 234명(24퍼센트)이 흑인이었다. 흑인은 미국 인구의 13.4퍼센트이다.

흑인 소년이 흑인 남성이 될 때 ②
비정상적으로 높은 흑인 남성의 투옥률

미국의 흑인 남성 투옥 문제가 새로운 뉴스는 아니다. 이 현상은 노예제에 깊은 뿌리를 두고 있으며, 과거의 인종주의와 밀접하게 관련되어 있다.

간단한 역사 공부만 해도 구조적 인종주의가 어떻게 현대 미국 사회의 교도소 산업으로 이어지는지 단번에 이해할 수 있다. 남북전쟁이 발발하기 전에 미국 정부는 토지 가치에 따라서 세금을 부과하던 방식을 인구에 따라서 부과하는 방식으로 바꾸었다. 의회의 의석 수도 인구에 따라서 결정되었는데, 북부의 큰 주들이 남부의 주들보다 인구가 많았다. 이 때문에 남부의 주들은 의석 수를 늘리기 위해서 흑인 노예를 인구에 포함해달라고 청원했다. 그러나 그들은 인구가 늘었음에도 그에 따른 세금은 내고 싶어 하지 않았다. 결국 "5분의 3 타협안"이 이루어졌다. 인구에 포함된 노예 1명을 백인의 5분의 3으로만 인정하자는 법안이었다. 한 인간을 1명의 인간 이하로 보아도 법적으로 문제가 없다고 한 사례였다. 이러한 논리를 통해서 남부의 주들은 의석 수를 늘렸고, 정치적인 힘도 키웠다. 이는 노예주들이 노예 제도에 찬성하는 정책을 통과시키는 결과를 낳았다.

1865년 수정헌법 제13조로 노예 제도가 정식으로 폐지되자 무임금 노동도 사라졌다. 노예 제도에 의지하던 남부는 경제적인 타격을 입었다. 그러나 수정헌법 제13조에는 과거의 노예제 지주들이 재빨리 이용할 수 있는 허술한 구멍이 있었다. 흑인이 범죄자가 되면 노예 제도가 허용되었던 것이다. 이 방식이 오늘날 어디로까지 흘러왔는지 살펴보자. 노예 제도가 폐지되자마자 "흑인 단속법"이 도입되었고 "유죄 판결"이 과도하게 증가했으며, 이는 흑인 남성들의 투옥으로 이어졌다(그리고 노예 노동으로 이어졌다). 흑인들은 부랑자가 되어도, 다른 인종과 연애를 해도, 집회를 하거나 주인의 허가 없이 물건을 팔기만 해도 범죄자가 되었다. 또한 고아원의 미성년자들도 강제노동에 동원되었다.

죄수들은 가장 높은 값을 부른 사람에게 "임대되어" 광산, 철도, 벌목 회사 등에서 육체노동을 했다. 어딘가 익숙하지 않은가? 이 시기에 교도소 수감 인구(대부분이 흑인)는 10배나 증가했다. 무임금 노동을 시키고 흑인에게 폭력을 행사하고 무임금 노동을 얻기 위해서 자유롭게 입찰(사람을 돈 주고 사는 일)을 해도 위법이 아니었다는 점에서 노예 제도와 거의 흡사했다.

아주 먼 옛날 이야기처럼 들리겠지만, 흑인 남성들이 처한 현실은 오늘날에도 크게 달라지지 않았다. 똑같은 행위가 다른 이름 아래에 자행되고 있을 뿐이다. "학교-교도소 파이프라인"은 빈곤 지역에 사는 흑인과 갈색 피부의 청소년들이 교도소에 수감되는 비율이 다른 인종보다 높음을 설명하는 용어인데, 이 불균형은 인종에 따라서 달라지는 체벌 방식, 그리고 무관용 법칙의 도입으로 더욱 심각해졌다. 교육부에 따르면 학교에서 체포되어 사법기관으로 연행되는 학생들의 70퍼센트는 흑인이나 라틴계이다. 흑인과 갈색 피부의 소년들이 법적 처벌을 받는 범죄를 더 많이 저지르는 것이 아니라 같은 죄목이라고 해도 백인 학생보다 더 자주 무거운 처벌을 받는다는 사실에 주목해야 한다. 이러한 정책 때문에 정학과 퇴학을 반복한 학생들은 높은 확률로 중퇴를 하고, 결국에는 투옥된다.

"아프리카계 미국인 남성은 백인 남성의 6배가 수감되고 라틴계 남성은 2.5배가 수감된다. 이 추세가 계속 이어지면 미국에서 출생하는 흑인 남성의 3분의 1과 라틴계 남성의 6분의 1은 평생에 한 번 이상은 교도소에 가게 된다. 반면 백인 남성은 17명 중 1명이 교도소에 간다."

— 2013년 UN **자유권 규약 위원회에 제출된 사법 연구 단체 '양형 프로젝트**(Sentencing Project)'**의 보고서**

경찰은 흑인 남성과 흑인 소년들, 흑인들을 차별한다. (경찰을 포함한) 권력자들이 창조한 서사가 구조적 억압을 지속시키기 때문이다. 소량의 마리화나 소지처럼 비폭력적인 사소한 범죄에도 흑인 남성들은 몇 년이나 복역을 하고, 출소 후에는 직업 시장에서 불이익을 받으며, 생활을 유지하기 위해서 대안적인 방법을 찾을 수밖에 없게 된다. 그리고 많은 경우에 이들은 다시 감옥으로 돌아간다. 이 사회가 깊이 고심해야 할 잔인한 악순환이다.

스포트라이트
라번 콕스

"내가 흑인 남성으로 인지되었을 때 나는 시민의 안전에 위협이 되는 사람이었다. 내가 나답게 옷을 입자 나의 안전이 위협받았다."
— 라번 콕스

라번 콕스는 감동적인 메시지를 전하는 대중 연설가이며 에미 상 후보에 오른 배우이자 다큐멘터리 영화 감독이다. 현재 미국에서 가장 유명한 트랜드젠더 여성이기도 하다. 그녀는 개성적인 (그리고 매우 아름다운) 얼굴로 유명하며 LGBTQ+ 문제, 특히 유색인 트랜스 여성의 권리를 옹호하기 위해서 목소리를 높이고 있다.

어린 시절 무용수를 꿈꾸다가(주로 발레를 했다) 메리마운트 맨해튼 칼리지에 다니면서 연기를 시작했다. 비관행적 젠더였다가 이 시기에 성전환 수술을 해서 여성이 되었다. 성전환이 완수되기 전까지는 뉴욕에서 드래그 퀸으로 활동하면서 젠더 표현과 연기를 향한 욕구를 분출했다. 2007년, 콕스는 최초로 황금 시간대 텔레비전 프로그램에 출연한 성전환 배우인 캔디스 케인을 보면서 자신도

트랜스 여성 전문 배우가 될 수도 있겠다는 꿈을 품었다. 「로 앤드 오더 성범죄 전담반」, 「지루해 죽겠어」에 출연했고, 2012년에는 「오렌지 이즈 더 뉴 블랙」에 출연하면서 스타덤에 올랐다.

라번 콕스는 자신의 유명세를 활용하여 주요 언론에서 트랜스, 특히 흑인 트랜스 여성의 목소리를 대변하고 있다. 트랜스들의 든든한 인권 운동가이자 대중들에게 존경과 사랑을 듬뿍 받는 재능 넘치는 여배우이기도 하다.

콕스는 말한다. "당신과 나 모두가 차별하고 억압하는 사람이 될 수 있다. 우리 모두 가해자가 될 수도 있음을 정직하게 인정하면서 어떻게 하면 내가 나와 다른 사람들을 해방시키는 사람이 될 수 있는지 자문해야 한다."

한 달에 5명과 자는 여자에게
사람들은 말한다.

"문란한 여자야."

한 달에 5명과 자는 남자에게
사람들은 말한다.

"놀 줄 아는 남자네."

성폭력, #미투 운동과 젠더화된 폭력

주의 제목에서 알 수 있듯이 이 장에서는 성폭력, 대체로 여성이 당한 성폭력을 다룰 것이다. 이 주제가 불편한 독자들은 이 부분은 건너뛰는 것이 좋겠다. 사랑하는 생존자들이여, 당신들은 강인하고 위대하다.

성폭력은 시대와 국경을 초월해 시시각각 일어나는 문제로, 아마도 인류의 역사가 시작된 이래 줄곧 존재했을 것이다. 적어도 고대 이집트에서 존재했다는 것은 기록을 통해서 알 수 있다. 파피루스 솔트 124(Papyrus Salt 124)에는 파네브라는 남성이 여러 명을 성폭행해서 법적 처벌을 받았다고 기록되어 있다. 고대 그리스, 중세, 수백 년간의 식민지 시대나 노예 제도 혹은 수많은 전쟁을 다루는 이야기에도, 제45대 미국 대통령과 관련된 이야기와 오늘날 텔레비전을 켜면 나오는 뉴스에도 성범죄라는 단어는 끊임없이 등장한다.

우리가 성폭력, 성희롱 혹은 부적절한/동의 없는 성적 행위로 공공연하게 비난을 받거나 법적으로 처벌을 받은 사람들의 이름을 모두 적는다면 아마 수천 장이 넘을 것이며, 그 쪽수는 끝도 없이 늘어날 것이다.

다만 우리가 성폭력, 성희롱, 부적절한/동의 없는 성적인 행동을 했으나 고소를 당하지 않고 처벌도 받지 않았으며 책임도 지지 않은 사람들의 목록을 적는다면, 그 분량은 수천 수백만 장일 것이며 매일 기하급수적으로 늘어날 것이다. 사법 제도가 피해자를 보호하는 데에 실패했기 때문이다.

가슴 아프지만 성폭력이라는 주제 하나로 이 책을 전부 채울 수도 있다. 성폭력이나 성희롱을 당한 사람이나 그 사람과 가까운 이들은 이 단어만 들어도 참담한 기억이 되살아나서 잠을 이루지 못할 것이다. 아픔을 딛고 용감히 #미투를 하는 사람들이 불러오는 변화를 볼 때면 침묵하는 사람들을 지지하고 문제를 공론화하는 일이 얼마나 중요한지 깨닫게 된다. 특히 성폭력 피해자는 수치심을 느낄 수 있고, 이 때문에 많은 이들이 자신의 안전, 관계, 사생활이 산산조각날 수 있다는 두려움으로 목소리를 내지 못한다.

우리는 성폭력과 성희롱의 피해자들이 앞으로 나서서 자신의 경험을 공유하는 변화의 시대에 살고 있다. 미투 책임감의 시대에 투명성, 진실, 용기는 너무나 중요하다. 그러나 성폭력 사건 횟수가 실질적으로 감소하는 것은 아직 요원해 보이기도 한다.

2017년 하비 와인스타인의 혐의가 불거지면서 #미투 운동은 성희롱과 성폭행이 얼마나 만연한지, 그리고 SNS의 힘이 얼마나 강한지 드러내주었다. '미투'라는 표현은 인권 운동가인 타라나 버크 교수가 2006년에 처음 고안하여 "공감을 통한 권한 부여" 운동에서 사용했다. 그녀는 자신에게 성폭력 경험을 털어놓는 13세 소녀에게 이렇게 말하고 싶었다고 한다. "나도 그랬어(me too)." 이후 이 용어는 성폭력에 취약한 유색인 여성들에 대한 관심과 연대를 위한 운동에서도 사용되었다. 이는 당신이 혼자가 아니라고 말하는 가장 간단한 방법이기도 하다.

다음은 #미투 운동의 결과이다.

- 어떤 행동이 성희롱에 포함되는지를 명확히 했다.
- 이 사회에 성폭력이 얼마나 만연한지를 인식시켰다.
- 가해자들이 처벌받을 수 있도록 했다.
- 초등학교에서 동의에 대한 교육과 성교육을 실시하게 했다.
- 고등학교와 대학교에서 의무적으로 동의에 대한 수업을 듣게 했다.

- 방치되었던 강간 키트를 다시 수사에 활용할 수 있게 했다.

이 해시태그를 통해서 몇몇 피해자들은 용기를 얻어 자신들의 경험을 대중과 공유할 수 있었다. 그러나 SNS에 범람하는 #미투 이야기가 누군가에게는 나쁜 기억을 떠올리게 하는 기폭제가 되기도 한다. 드러내고 공유하고 힘을 합치는 것이 목적이라고 해도 성폭력에 대한 이야기가 계속 들려오면 경험자들에게는 트라우마가 될 수 있다. 계속 분노하고 싸우면서도 혹시 주변에 트라우마를 꺼내고 싶어하지 않는 사람들이 있다면 그들의 입장도 충분히 배려해야 한다.

애니타 힐과 크리스틴 블래시 포드

"우리는 수없이 듣습니다. '우리에게는 다른 사안이 있습니다. 이보다 더 시급한 일들이 무수하기 때문에…….' 우리가 지금 중시하는 것은 형식일까요, 현실일까요? 우리는 관습보다 인간의 경험을 소중히 여겨야 합니다."
— 애니타 힐, 브랫 캐버노 청문회에서

2018년 10월 나는 며칠 동안 미국 상원 사법 위원회의 연방 대법관 지명자 청문회 생방송을 숨죽이고 들었다. 지명자는 크리스틴 블래시 포드 박사에게 성폭력 혐의로 고소를 당한 상태였다. 어느 날은 마트 주차장에 차를 세워놓고 청문회를 한 시간이나 듣기도 했는데, 너무 화가 나서 도저히 꺼버릴 수가 없었다. 그녀의 증언은 내 마음을 아프게 했다. 연약하고 솔직하고 강단 있으나 긴장감으로 떨고 있던 그녀는 연방 대법관 지명자와 상원들의 분노, 악의, 방어적인 공격을 홀로 견디고 있었다.

27년 전인 1991년, 애니타 힐은 대법원장 클래런스 토머스를 성추행으로 고소해 대법원장 인준 청문회에서 증언을 했다. 대중 앞에서 권력자인 남성에게 대항한, 최초의 성추행 혐의 고발 사건이었다. 이는 사회적으로 큰 논란이 되었고, 지금의 #미투 운동을 가능하게 한 역사적인 순간으로 남아 있다. 평등 고용 추진 위원회에서 일하던 애니타 힐은 상사인 토머스의 직장 내 성추행을 고발했다.

이 두 사건 사이에는 뚜렷한 차이점들이 존재한다. 인종과 정치 풍토, 사건이 일어난 시기도 다르고 대중의 이해도도 다르다. 그러나 소름끼칠 정도의 공통점도 있다. 캐버노는 청문회에서 토머스가 했던 말을 그대로 반복하기도 했다. "한마디로 서커스이다. 이 인준 과정은 국가 망신이다." 이 용감한 여성에 대한 응원과 상원에 대한 비난이 함께 쏟아졌고 두 여성을 위한 지지 운동도 펼쳐졌다. 1991년 애니타 힐의 청문회 이후, 1,600명의 흑인 여성들이 돈을 모금해 「뉴욕 타임스(The New York Times)」에 그녀를 응원하는 전면 광고를 내기도 했다. 2018년에는 1,600명의 남성들이 힐과 포드 두 명의 여성을 지지하는 광고를 냈다.

27년이라는 세월이 지났고 트라우마, 성폭력, 젠더 차별에 대한 인식이 훨씬 더 커졌기 때문에 이 여성들이 권력자들에게 받는 취급이 달라졌을 것이라고 생각할 수 있다. 그러나 백인 남성들이 가득한 방에서 이 두 여성은 진정성을 의심받았고, 상원 의원들에게 무참한 언어폭력을 당했다(포드의 청문회 때에는 거의 모두가 공화당 상원 의원들이었다). 또한 두 남자 모두 혐의를 벗고 연방 대법관으로 지명되었다. 권력자 남성이 관련되었을 때, "그가 말했다, 그녀가 말했다"는 거의 언제나 "그가 말했다"의 승리로 귀결되고는 한다. 이렇게까지 멀리 왔는데도 여전히 뒷걸음질하는 현실에 안타까움을 금할 수가 없지만, 결국 이 이야기의 결론은 **나는 이 두 여성의 말을 믿는다**는 것이다.

식이장애는 사람을 가리지 않는다

우리의 몸은 나 자신은 물론 처음 만나는 사람에게도 판단과 검토의 대상이 된다. 대략 2,400만 명의 미국인들이 '침묵의 전염병'으로 불리는 식이장애로 고통받고 있다. 이 사회는 비만, 특히 여성들의 비만을 혐오하고 도달할 수 없는 미의 기준에 집착한다. 식이장애는 중대한 사회 문제임에도 식이장애를 앓는 사람들의 방대한 숫자에 비해서 공론화가 이루어지지 않아 증상을 겪고 있는 이들을 위한 치료 프로그램도 발전하지 못하고 있다.

가장 먼저, 우리는 식이장애가 어떻게 확산되는지와 누가 영향을 받는지에 대한 감추어진 진실을 보아야 한다. 거식증 및 식이장애는 언론에서는 대체로 다음 두 가지 방식으로 묘사된다.

○ 젊거나 백인, 중, 상류층 여성이 사회나 부모의 압박 때문에 식이장애에 걸린다. 더 매력적으로(더 말라) 보이기 위해서, 더 섹시하거나 여자다워 보이기 위해서, 혹은 통제 욕구 때문이다. 「스킨스」, 「프리티 리틀 라이어스」와 「매드 맨」의 베티 드레이퍼를 보자. "식이장애"라는 용어를 검색하면 나오는 이미지의 대부분은 젊고 마른 백인 여성이다.

○ 중년 여성이나 인기 없는 소녀가 이별 후에 아이스크림 통을 끼고 퍼먹으면서 "자기 자신을 포기한다." 이러한 전형성은 폭식을 심각한 식이장애로 비추면서 비만 혐오를 조장한다.

이것들은 식이장애를 앓는 사람들에 대한 부정확하고 불완전한 묘사이다.

남성, 유색인, 퀴어, 트랜스젠더, 노인들 역시 식이장애의 영향 아래에 있다. 식이장애의 정신적, 감정적, 신체적 이유는 개개인에 따라서 다르고 대체로 우리가 생각하는 흔한 이유에서 비롯되지 않는다.

○ 더 남성적인 혹은 근육질의 신체를 가져야 한다는 부담을 느끼는 남성들이 운동에 중독되고, 금식을 하거나 혹은 섭취하는 음식의 양을 극단적으로 줄인다.

○ 자신의 몸을 편안하게 여기지는 않지만 수술을 할 수 없거나 혹은 수술을 원하지 않는 젠더퀴어나 트랜스젠더는 식습관을 관리하거나 격한 운동을 해서 자신의 몸을 통제하려고 한다.

○ 성폭력을 경험한 여성들이 트라우마에서 스스로를 분리하려고 폭식을 하며, 이를 통해서 남성의 위협에서 스스로를 보호한다고 느끼거나 원하지 않는 남성의 관심을 차단한다(비만 혐오는 매력적으로 보이는 체형과 직접적으로 관련이 있다).

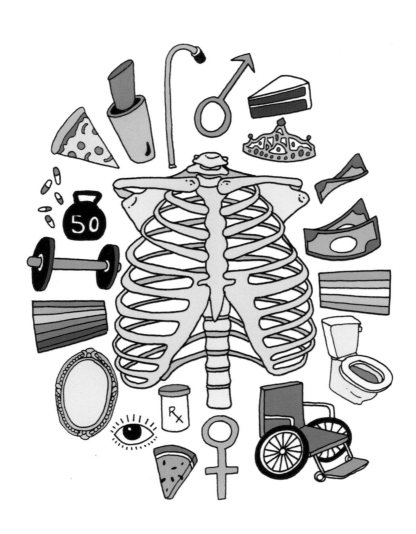

○ 불안장애, 우울증, 경계성 성격장애, 조울증, 외상 후 스트레스 장애, 강박장애 같은 정신 질환이 있는 사람들이 식이장애를 키우는 경향이 크다.

○ 한때 섹시하거나 매력적이었으나 더 이상 그렇지 않다고 느끼는 노년층이 다시 스스로를 매력적이고 자신감 있게 느껴야 한다는 부담 때문에 식이장애를 겪기도 한다. 그저 나이 때문에 정신 질환이 생기는 것은 아니다. 노인들은 친밀하고 지속적인 도움을 받지 못하는 경우가 많다.

○ 어떤 문화에서는 주는 음식을 거부하는 것이 무례한 행동이다. 이런 문화에서 어떤 이들은 혼자 몰래 폭식을 하거나 굶기도 한다.

○ 다이어트 문화나 미적 기준을 강요하는 문화(예를 들면 식이장애가 있는 부모나 아이를 미인대회에 내보내려는 부모 등) 속에서 자라는 어린이들은 어른들의 행동을 정상으로 받아들인다.

○ 날씬한 백인 여성만을 미인으로 보는 사회 기준 속에서 흑인 여성은 자신의 몸을 있는 그대로 받아들이지 못한다.

○ 제대로 먹고 자라지 못하는 어린이들은 성인이 되어서도 허기가 충족되지 않아서 음식에 집착한다.

○ 식이장애는 유전될 확률이 높다.

당신이 대체로 이 병에 걸릴 리 없다고 '여겨지는' 사람이라면 경험을 솔직히 털어놓고 도움이나 지원을 받을 가능성도 낮아진다. 식이장애는 목숨을 위협하는 심각한 정신 질환이기 때문에 식이장애에 걸리는 사람이 따로 있다는 고정관념에서 벗어나는 것은 무척 중요하다. 수치를 주지 않으면서 그들의 고통을 인정하고, 보통은 값비싸고 접근이 어려운 식이장애 치료가 필요한 사람들이 누구인지 알려고 노력해야 한다.

그리고 하느님의 이름을 걸고 부탁하는데 이렇게 말하지 마세요. "햄버거 하나 먹어."

모든 노화는 동등하지 않다
(혹은 그렇다고들 한다)

신체의 노화라는 인류 공통의 과정을 겪을 때에도 남녀는 동등한 대우를 받지 않는다. 많은 사람들이 인간의 감정적, 지적, 사회적 성숙이 20대에 멈추지 않는 것을 다행으로 여기는 반면, 신체적으로는 "전성기"에 머물기를 소망한다(아, 나의 20대 중반은 절대로 전성기가 아니었다). 우리는 나이 듦에 대해서 상당히 왜곡되고 천편일률적인 개념을 가지고 있다. 그렇기 때문에 어떻게 해서든 노화가 진행되지 않은 척하려고, 혹은 그 노화를 숨기려고 각종 크림, 자외선 차단제, 주름살 제거 수술, 보톡스, 모발 이식에 집착한다.

(대부분까지는 아니라고 하더라도) 많은 사람들이 노화를 의식한다. 그러나 나이가 들면 미모와 가치, 자신감과 사랑, 그리고 직업을 잃을지도 모른다고 느끼는 것은 대체로 여성들이다. 반면 남성은 나이가 들수록 위엄이 있고 현명해지며, 강해진다는 인식이 있다. 우리는 남성에게는 나이 들 권리가 있는 반면 여성에게는 그렇지 못한 사회를 만들었다.

잠깐 이런 관점에서 생각해보자. 소년에서 남성으로의 변화와 소녀에서 여성으로의 변화를 우리는 어떻게 보고 있을까? 남성은 수염과 체모가 자라고 목소리가 굵어지며 근육이 붙고 턱선이 발달한다. 이 모든 요소들은 능력, 남성성, 체력, 그리고 성숙함으로 통한다. 반면 여성의 미의 기준은 오직 젊음뿐이다. 체모가 없어야 하고 피부는 맑고 투명해야 하며 가슴은 봉긋하되 몸은 날씬해야 한다. 열여덟 살에 고정되어 있으라는 여성들을 향한 요구는 실현이 불가능하다. 열 살은 열 살로 보여야 하고 마흔 살은 마흔 살로 보여야 하며 예순 살은 예순 살로 보여야 한다.

사람들은 모두 다르게 늙는다. 어떤 사람은 유독 주름살이 많이 생기고 어떤 사람은 머리카락이 빠지는가 하면 또다른 어떤 사람은 귀에서 기다란 털이 자라기도 하고 혹은 얼굴과 몸의 피부가 처지기도 한다. 괜찮다. 다 괜찮다. 당신이 어떤 젠더이건 상관없다.

젠더에 대한 편견 없이 나이 들기 위해서 다음과 같이 생각을 다잡고 행동해야 한다.

○ 나뿐만 아니라 모든 사람들이 겉모습에 상관없이 자신의 몸을 소중하게 느끼는 분위기를 만든다. 신체 그 자체로는 지성과 지혜와 체력, 감정과 과거와 능력을 반영하지 않는다. 주름진 몸은 아름다운 몸이다. 뚱뚱한 몸은 아름다운 몸이다. 털이 많은 몸은 아름다운 몸이다. 만약 그 털의 일부가 회색이라면 더욱 그렇다. 등이 굽은 몸은 아름다운 몸이다.

○ 태어난 모든 사람이 나이 든다는 것을 받아들여야 한다. 한 젠더가 다른 젠더보다 더 빠르거나 천천히 늙는다는 것은 어리석은 생각이다. 모두가 품위와 힘과 존엄을 가지고 늙어가도록 내버려두자.

○ 여성들이 젊음을 선망하게 하는 광고를 멈추어야 한다. 이런 광고들의 비현실적이고 해로운 기준은 심리적 부담을 가중한다. 여성들은 이미 남성보다 임금이 적다. 남성보다 낮은 시간당 임금을 남성들이 세운 미의 기준을 만족시키는 물건에 소비하도록 유혹하지 말아야 한다.

우리의 내면화된 연령주의를 걷어내기 위해서는 부단히 노력해야 한다. 특히 미의 기준이나 나이 든 여성과 관련한 세상의 말을 무시해야 할 필요가 있다. 사람을 채용할 때, 인터넷 데이트를 할 때, 친구를 사귈 때에 나도 모르게 나이라는 숫자로 사람을 판단할 수 있다. 사실 나이가 들수록 더 유능하고 더 지혜로워질 가능성이 높다. 때로는 의외의 분야에서도 나이 든 사람이 더 잘 해내고는 한다. 그러니 젊은이들이여 겸손할 것. 윗사람들은 긴 세월을 거치면서 무엇인가를 배웠다.

낙태

낙태는 인간의 기본권과 관련된 문제이다. 우리는 출생 시 생물학적 성별이 여성(AFAB)인 사람에게 신체적 자유, 생식권 결정, 가족 계획, 사생활에 대한 선택의 권리를 전적으로 부여해야 한다.

메모 나는 낙태를 하려는 사람을 설명할 때에 '출생 시 생물학적 성별이 여성인 사람'이라는 용어를 사용하고자 한다. 그러나 다른 지정 성별로 태어난 인터섹스 또한 임신할 수 있음은 인정하고 싶다. 다양한 젠더들, 시스 여성, 젠더퀴어, 트랜스 남성, 인터섹스도 임신을 할 수 있고 포괄적인 생식권을 가져야 한다.

"여성에게 아기를 임신하고 낳으라고 강요하는 것은 여성을 '비자발적인 예속'의 상태로 만들 수 있으며, 이는 헌법 제13조 위반이다……(만약) 여성이 임신할 가능성에 동의했다고 해도 그 여성에게 강제로 임신 상태를 유지하라고 명령할 수는 없다."
— 앤드루 코플먼, 「강제 노동 : 헌법 제13조에 따른 낙태 합법화 찬성」

1973년 낙태를 합법화한 로 대 웨이드 판결은 페미니즘 제2의 물결에서 가장 기념비적인 사건이었다. 법원은 낙태를 "헌법에 기초한 사생활의 권리"로 보장하며 임신 당사자에게 결정권을 부여해야 한다고 결론지었다. 그러나 몇 가지 제약이 따라왔다. 첫 임신 3개월에는 임신을 중단할 권리가 전적으로 임신한 여성에게 있지만, 두 번째 3개월간은 임신 유지가 엄마/산모의 건강에 위협이 된다고 주(state)가 판단했을 때에만 임신을 중단할 수 있다. 세 번째 3개월(태아의 생존 가능 시점 이후)에 낙태는 엄격하게 금지되며, 거의 허가되지 않는다. 이 시기의 낙태는 출산이 엄마/산모의 생명에 위협이 될 경우에만 예외로 허용된다. 많은 학자와 변호사들은 낙태 합법화의 합헌성을 놓고 논란을 벌인다. 이들은 낙태를 사생활의 문제로 국한하지 말아야 한다며 임신한 여성보다는 의사의 결정에 따라야 한다고 보기도 하고, 태아의 생존 가능성과 관련된 언어가 모호하고 주관적이라고도 한다.

낙태에 반대하는 입장은 대체로 태아의 "생명권"을 근거로 삼는다. 수정과 동시에 생명

이나 인간으로서의 삶이 시작된다는 관점이
다. 역설적이게도 로 대 웨이드 판결에서 소
송을 제기했던 노마 맥코비는 재판이 끝난
후에 낙태에 반대하는 편에 서서 열렬히 활
동했으며, (자신이) 낙태로 인해서 감정적인
고통을 받았다고 호소했다.

낙태의 역사는 분쟁의 역사라고 할 수 있다.
최대한 온건하게 말해서 그렇다. 이는 정치
후보자의 기본 공약이고, 유권자들을 양분
하는 요인이기도 하다. 불법 낙태에 대한 처
벌은 강력하다. 여기에는 살인죄(임신한 태
아의 살인이라는 죄목)부터 정부에 의한 낙
태 클리닉 강제 폐업, 낙태 클리닉에 대한 정
부 보조금의 지급 중지 등이 있으며, 여성
이 낙태 전에 초음파를 통해서 강제로 태아
의 심장 소리를 들어야 한다거나, 배우자에
게 낙태 허가를 받아야 한다는 규정도 있다.

정부의 낙태 통제는 집권당과 지역과 시기에 따라서 달라지기도 한다. 어떤 주에서는 낙태를 허용하는 클리닉이 몇 군데 있지만 어떤 주에는 딱 한 곳만 있기도 하다. 낙태 클리닉이 집에서 먼 사람, 일을 쉴 수 없는 사람, 돌볼 아이가 있는 사람, 장거리 여행에 드는 돈을 마련하기 힘든 사람에게는 낙태가 너무나 어려운 일이 된다.

나는 자신의 몸과 관련된 의료적인 결정을 내릴 권리는 본인에게 있다고 생각하며, 그 권리를 존중한다. 낙태는 여러 가지 이유로 **합법적이며 의학적으로 필요한 선택**이다.

- 의도하지 않은 임신
- 재정적으로나 신체적으로 아기를 키울 수 없는 조건
- 문화적 혹은 종교적 가치에 대한 존중
- 감정적으로 아이를 가질 준비가 되지 않았을 때
- 성폭행에 의한 임신
- 임신 합병증
- 불안한 관계
- 가족의 압박
- 두려움과 수치

기억하자. 미국의 많은 주들에서 금욕만이 최선이라는 성교육을 실시하고 있으며, 어떤 학교에서는 피임을 아예 가르치지도 않는다. 낙태를 불법화하거나 제한하면 누군가는 안전하지 않은 낙태 시술 때문에 생명을 잃을 수도 있고, 임신과 출산은 고통스러운 경험이 될 수 있다. 아기를 키울 여건이 되지 않는 사람이 아기를 낳으면 재정적인 위기나 극단적인 빈곤에 처할 수도 있는데, 이는 태어난 아기에게도 되물림된다.

대부분의 건강 관련 법률은 백인 이성애자 시스 남성들이 결정한다. 출산은커녕 자신의 몸 안에서 아기를 만들고 키우는 과정을 죽었다 깨어나도 겪지 않을 사람들이다.

최대한 단순한 문장으로 말해보자. 아기를 낳아야 할지 말아야 할지는 아기를 가질 수 있는 사람이 결정하게 하자.

의료계의 성차별

대부분의 의학 연구는 남성을 중심으로 이루어지고 진료 방식 또한 마찬가지이다.

대부분의 의료기관에는 여러 이유로 젠더 동수 규정이 없다. 임상 실험에서는 여성보다 남성이 다수 참여하면서 잠재적 위험을 내포한 왜곡된 자료가 도출되기도 한다.

약을 처방할 때에도 남성(평균적인 신체 구조와 투약 반응을 가진 남성)에게 안전한 복용량이 처방된다. 그러나 여성에게는 종종 이 복용량이 많을 수 있다. 심장병을 치료하는 기술도 남성을 대상으로 한 자료에 기반을 두는데, 남성과 여성과 심장병 발병 횟수는 비슷할지 몰라도 발생 양상은 완전히 다르다(심장병은 여성의 사망 원인 1위이다). 연구 결과는 주로 한 집단의 사례에만 적용되며, 성별에 따라서 완전히 다른 영향을 미칠 결정적인 정보를 누락할 수 있다.

동등한 치료를 받기 위해서는 정확하고 동등한 의학 연구 자료부터 수집해야 한다.

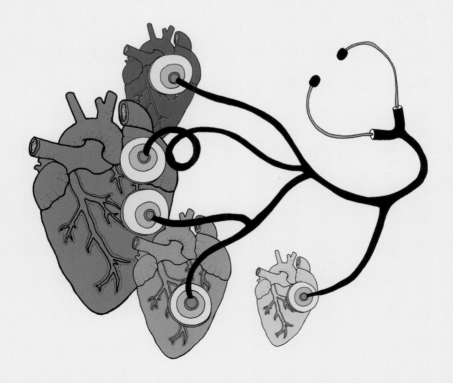

젠더와 정신 질환

남성과 여성[1]은 정신 질환을 다르게 경험하고, 같은 진단명을 받았다고 하더라도 다르게 치료받는다.

우울증을 예로 들어보자. 지금 머릿속으로 우울한 사람을 그려보자. 아마 당신은 여성을 떠올렸을 것이다. 통계에 의하면 여성이 우울증(임상적인 우울증이거나 일회성 우울감이거나)에 걸릴 확률은 어떤 시점에 남성의 두 배가 된다. 이는 사실일 수도 있지만 통계가 어떤 기준으로 작성되었는지에 따라서 오류가 있을 수도 있다.

2013년 리사 마틴과 연구진은 "모든 성별을 포괄하는 우울증 척도"를 고안했다. 이 척도는 남성 우울증 환자의 일반적인 증상인 분노, 약물 사용, 위험한 행동, 성급함 등을 포함하여 우울증 연구에서의 성차별을 줄였다. 증상의 범위를 모든 젠더의 경험으로 확장하자 남성의 30.6퍼센트와 여성의 33.3퍼센트가 기준에 부합했다.

젠더 차이(혹은 차이의 적음)에 대해서 학계는 여러 이론을 주장한다. 한 이론은 여성은 사회 구조적으로 어려움이 더 많기 때문에 차이가 생긴다고 말한다. 여성은 비극적인 경험을 할 가능성이 높고, 경제적 자원은 적다. 또한 스트레스가 크고, 가정 관리의 책임이 있으며, 출산 우울증이 있을 수도 있고 혼자 아이를 키우는 경우도 많다. 생활 조건과 정신 건강의 상태는 불가분의 관계로, 다른 정신적, 신체적 질병으로 이어지기도 한다. 사회적 조건과 구조적 성차별 때문에 여성은 감정적, 신체적 과로를 경험할 확률이 높다.

사회적 관습 때문에 남성이 자신의 우울증을 보고하는 사례가 적으며, 이로 인해서 남성 우울증의 비율이 낮게 집계된다는 의견도 있다. 남성에게는 마음 편히 울 수 있는 장소, 도움을 요청하거나 슬픔을 표현할 수 있는 공간이 많지 않다. 남성성을 이루는 요소 때문에 그들의 경험은 "남자다움"이라는 헤게모니로 걸러진다. 슬픔과 같은 감정은 분노, 공격성, 약물 남용, 도박이나 위험의 감행, 폭력 등으로 표현되는 경우가 많다. 이러한 남성들의 행동은 우울증이나 불안증의

---

1 대다수 연구는 시스 여성과 시스 남성에 초점이 맞추어져 있다. 트랜스 공동체의 정신 건강에 대해서는 152쪽 참고

징후로 여겨지지 않고, 분노조절 장애, 알코올 의존증, 난잡한 성생활이나 바람둥이 기질로 분류되고는 했다. 물론 자기학대적 행동의 원인이 좌절, 공허함, 불만족일 수 있더라도 이것들이 변명이나 핑계로 사용되어서는 절대 안 된다. 그러나 우리 사회가 감정을 표현하는 남성에게 낙인을 찍지 않는다면 더 많은 남성들이 정신 건강에 문제가 있음을 인정하고 적극적으로 치료에 나설 것이다. 미국의 자살 10건 중 7건이 백인 남성 자살이며 전반적인 남성의 자살율은 여성보다 3.5배 높다.

어떤 경험을 자기 혼자 한다는 소외감은 경험자체보다 더 위험할 수 있다. 정신 질환이 모든 사람에게 영향을 미칠 수 있으며, 각자에게 다르면서도 비슷하게 영향을 주고 있다는 점을 자꾸 이야기해야 한다.

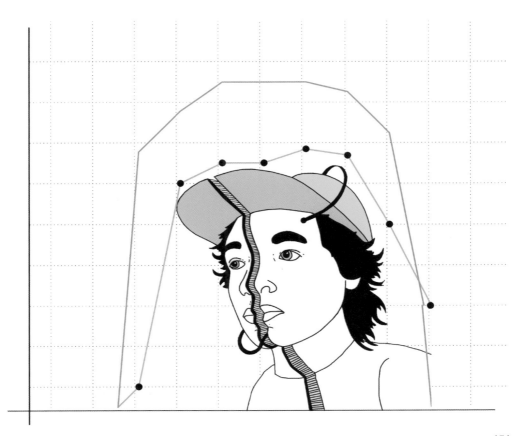

트랜스 공동체의 정신 건강

트랜스젠더들은 지정 성별을 따르는 공동체 구성원들과는 다른, 젠더를 구성하는 놀라운 것들을 겪는다. 그들은 새로운 공동체와 재미, 패션을 경험하며, 사회로 받아들여질 수도 있고 넘치는 사랑과 유머를 느낄 수도 있다. 그러나 트랜스젠더로 살아가는 것은 너무나도 어렵고 위험하며 외롭고 두려운 일이다.

트랜스젠더들은 심리적 스트레스, 정신 건강과 관련된 문제, 따돌림, 성폭행, 살해 및 자살을 경험할 확률이 시스젠더보다 훨씬 높다. 미국을 비롯한 전 세계에서 트랜스젠더는 점점 더 받아들여지고 있고, 가시화되고도 있지만 트랜스로 사는 것은 여전히 안전하지 않다. 종교, 지역적 관습, 보수적인 법률, 계급 가치, 호모포비아, 두려움 등이 그들에 대한 반감과 증오를 낳는다.

다음은 트랜스젠더가 겪는 삶(혹은 죽음)에 대한 다소 불편한 통계로, UCLA의 윌리엄스 인스티튜트가 조사한 2014년부터 2015년까지의 자료이다.

○ 트랜스 인구의 40퍼센트가 자살을 시도한 경험이 있다.

○ 77퍼센트가 학교에서 언어폭력(54퍼센트)과 신체적 폭력(17퍼센트) 등의 학대를 당했다.

○ 지난 1년 동안 15퍼센트가 일터에서 희롱당하고 신체적 공격을 당하거나 성폭력(1퍼센트)을 당했다.

○ 지난 1년 동안 직장에 다녔던 사람의 23퍼센트가 어떤 형태로든 학대를 당했다.

○ 26퍼센트는 트랜스젠더라는 이유로 직계 가족에게 대화를 거부당하거나 절연당했다.

○ 10퍼센트가 가족에게 폭행을 당했고 8퍼센트는 집에서 쫓겨났다.

○ 33퍼센트는 지난 1년간 트랜스젠더라는 이유로 병원에서 부정적인 일을 겪었고 3퍼센트는 의료인에게 진료를 거부당했다.

○ 13퍼센트는 정규교육 과정 중에 트랜스젠더라는 이유로 성폭력을 경험했다.

○ 58퍼센트는 경찰에게 언어폭력, 잘못된 성 표현(misgendering), 신체적 폭력, 성적 폭력(구체적인 구분은 생략) 등의 학대를 당했다.

트랜스 공동체에의 폭력에 대한 통계는 우리의 정신을 번쩍 들게 하며, 우리가 모든 젠더에게 안전한 세상을 만들기 위해서 얼마나 더 어렵고 험한 길을 가야 하는지를 생생하게 보여준다. 227쪽의 자료를 참조하라.

당신은 혼자가 아닙니다

특권 101
성별을 통해서 혜택을 받으면서 왜 모르는가

대부분의 사람들은, 그 역학관계를 굳이 "특권"이나 "차별"이라는 단어로 설명하지는 않는다고 하더라도, 본인이 다른 집단에 속한 사람들보다 유리한 조건을 많거나 적게 가지고 있다는 사실을 알고 있다. 차별이나 억압을 받는 것은 알아차리기 쉬운 반면, 내가 가진 특권을 제대로 보기란 쉬운 일이 아니다. 당신이 어떤 것을 문제로 느끼지 않는다는 것은 그것을 경험하지 못했다는 뜻이기도 하다. 당신에게는 이미 그와 관련된 특권이 있기 때문이다. 특권이 있다는 말을 들은 사람들은 다음과 같이 부정적으로 반응할 수 있다.

- "하지만 난 가난하다고."
- "특권이 있다고 하기에는 내 인생이 너무 힘들어."
- "하지만 나는 여기에 오기까지 정말 피눈물 나게 노력했어."
- "하지만 나는……[특권 계층]보다 힘들게 여기까지 왔어."
- "하지만 나는……[특정 취약 계층]이야."

차별과 특권은 상호 배타적이지 않다. 위에 나온 문장들이 모두 사실일지라도 다른 사람보다 태생적인 이점을 누릴 수는 있다. 우리는 모두 다양한 정체성을 가지고 있고 대부분은 이익과 불이익을 동시에 경험한다. 인종, 계급, 젠더, 종교, 언어, 연령, 능력, 성적 지향은 특권을 얻기도 하고 특권을 부정당하기도 하는 정체성의 표시이다.

젠더 이야기를 해보자. 분명 다른 사람보다 이 세상을 편안하게 살아가는 정체성들이 있다. 젠더 특권을 고려하면서 다음과 같은 질문을 해보자.

○ 공중화장실을 이용할 때에 안전을 걱정하는가? 어떤 화장실이 가장 안전할지 고민해야 하는가?

○ 해변에서 유두를 노출할 수 있는가?

○ 가사노동의 대부분을 파트너에게 의지하고 있는가?

○ 대중매체에 나의 젠더가 자주 등장하는가? 나 같은 사람이 대중매체에서는 어떤 성격으로 묘사되는가?

○ 나의 임금이 (나와 같은 자격을 갖춘) 반대/다른 젠더 동료와 동등한가? 내가 덜 받는다면 상사에게 이 문제에 대해서 말할 수 있는가? 내가 더 많이 받는다면 어떠한가?

○ 밤에 혼자 거리를 걸을 때에 자신이 안전하다고 느끼는가?

○ 내 주장을 펴는 일이 편안한가? 직장에서? 나의 파트너와의 대화에서?

○ 더 자주 웃으라는 말을 듣는가?

○ 생리 때문에 병가를 사용하는가?

○ 길에서 성희롱을 당할 걱정 없이 원하는 옷을 입을 수 있는가? 나의 옷이 희롱이나 폭력을 당하는 원인이라는 말을 걱정하지 않아도 되는가?

○ 내가 편부모라는 사실이 알려졌을 때에 사람들은 어떻게 생각할 것인가?

○ 자신의 목소리가 클 때에 알아차리는가? 내가 물리적 공간을 많이 차지하는가? 내가 다른 사람들의 말을 막는가?

○ 나이가 들수록 스스로를 투명인간처럼 느끼는가? 아니 더 힘을 가지게 되는가? 나이가 들면서 매력을 잃지 않기 위해서 여러 가지 제품을 사용해야 한다고 느끼는가?

이런 문제들을 생활상의 문제나 장애물로 여기지 않고 살아왔다면 당신에게는 어느 정도의 특권이 있을 가능성이 높다. 시나리오에서 자신의 젠더 때문에 두려움과 불편함, 한계를 경험하는 사람들을 떠올려보고 당신이 가진 특권을 이용해서 다른 사람들이 받는 차별을 줄이는 방법을 생각해보자. 당신이 할 수 있는 일들이 있다.

1. 사업을 하고 있다면 동등한 조건을 가진 직원들에게 동등한 임금을 지불하고 남녀 모두에게 출산 휴가를 준다. 젠더 중립적인 화장실을 만든다. 화장실 문에 "화장실 칸" 혹은 "화장실 칸과 변기"라고 써놓으면 된다. 젠더 중립적인 화장실에서 사람들은 젠더와 관계없이 자신에게 편한 곳을 택할 수 있다. 불가피하게 젠더 중립적 화

장실을 만들 수 없다면 문을 잠글 수 있는 개인 화장실을 젠더 중립 화장실로 지정할 수 있다.

2. 회의 중이라면 당신의 목소리와 의견이 전체의 어느 정도를 차지하는지를 의식한다. 방 안에 있는 다른 사람들이 자신의 생각과 아이디어를 이야기할 수 있게 하고 중간에 말을 막지 않는다. 일반적으로 남성의 의견은 상대편 여성/다른 젠더에 비해서 특별히 뛰어나지 않더라도 사람들이 더 잘 들어주는 경향이 있다.

3. 백인 여성이라면 교차성 페미니즘과 유색인 여성의 경험에 대해서 공부한다. 당신이 시스젠더라면 트랜스 단체에 기부를 고려하자.

4. 비교적 건강한 남성이라면 당신의 유급 병가를 필요한 사람에게 양보하는 것도 고려해보자. 여성과 싱글맘들은 병가, 휴가, 무급 휴가들을 써서 개인이나 가족과 관련된 문제를 처리하고는 한다(아픈 아이, 학부모 회의, 생리통 등).

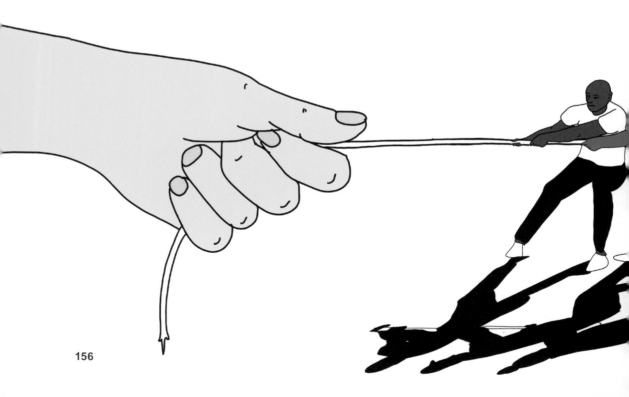

5. 여성에게. 성희롱을. 절대로. 하지 말자.

6. 도와달라는 말을 듣지 않아도 먼저 집안
   일을 찾아서 한다.

원래부터 누려왔던 특권을 없앨 수는 없지
만, 나와 똑같은 특권이 없는 사람들에게 피
해를 덜 끼칠 수는 있다. 또한 특권을 활용하
여 내 주변 사람들도 동등한 대우를 받게 해
달라고 요구할 수도 있다.

평등함은 공평함이 아니다

똑같은 조건이 주어졌다고 해도 언제나 동등한 결과가 산출되지는 않는다.

당신이 혜택을 받지 못한 사람이건 혜택을 받은 사람들과 동일한 권리, 자원, 기회를 가진 사람이건 이미 존재하는 차별이나 역사적 불이익을 지울 수는 없다.

공평의 개념은 개인이나 집단이 성공하기 위해서 필요한 특별한 자원을 고려한다. 이는 사람들에 따라서 필요의 정도가 다르다는 사실을 인정한다. 차별받는 집단은 차별받지 않는 집단과 같은 기회를 얻기 위해서 더 많은 자원을 필요로 한다.

평등함과 공평함의 차이를 이해하기에 가장 좋은 장소는 학교 교실이다. 학교에서는 학습장애나 신체장애가 있는 학생들이 비슷한 어려움을 겪지 않는 학생들과 동일한 교육을 받을 때가 많다. 같은 교사 밑에서 같은 수업을 받고, 같은 수준의 관심을 받으며, 같은 속도로 교과 진도를 나간다. 이는 당연히 공평한 결과로 이어지지 않는다. 일반 학교 체제에서는 학습장애가 없는 학생들이 이득을 얻는다. 학습장애 학생들에게 전문 교사나 특별 수업 같은 교육적 지원을 해주지 않으면 이들은 재학 중에나 졸업 후에나 더 힘겨울 수밖에 없다.

진정한 평등함이란 다양한 필요를 다양한 방식으로 채워주는 것을 의미한다.

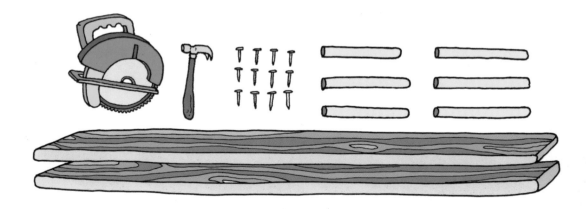

핑크 택스

동일한 상품에 다른 마케팅 전략이 적용되면서 여성이 남성보다
평균적으로 7퍼센트 높은 가격을 지불하는 현상.

- 여성용 화장품은 남성용 화장품보다 13퍼센트 더 비싸다.
- 여성복은 남성복보다 8퍼센트 비싸다.
- 여아의 장난감은 남아의 장난감보다 7퍼센트 더 비싸다.
- 여아 아동복은 남아 아동복보다 4퍼센트 더 비싸다.

서비스 비용의 차이도 잊지 말자. 여성은 미용실비, 드라이클리
닝비도 더 비싸고 하물며 주택 담보 대출도 여자들이 받으면 더
높은 이자가 책정된다. 여성은 남성보다 많은 상품에 더 많은 돈
을 지불한다.

빈곤의 여성화

전 세계 빈곤층에서 여성이 차지하는 비율은 남성의 비율과 비교가 안 될 정도로 높다. 빈곤은 그저 경제적인 궁핍만을 의미하지 않는다. 이는 기회의 부족이자 건강, 교육, 안전의 결여이며, 가정 내에서 결정권을 잃고 정치에서 소외되는 일이다. 빈곤은 자유와 존엄성, 의식주의 결핍으로까지 이어진다.

싱글맘들은 모든 국가에서 다양한 이유로 극단적인 빈곤층에 속한다. 이들은 (성별에 따른 임금 격차 때문에) 임금이 낮은 직업에 종사하는 데다가 외벌이이며, 의료보험이나 직원 복지가 제공되지 않는 파트타임으로 일하는 경우가 많다. 이들에게는 건강하고 규칙적인 식사를 얻을 수단도 없으며, 거주도 불안정하다. 사회적인 불평등에 더해서 싱글맘들은 가사노동을 홀로 책임지고 자녀의 1차 양육자와 보호자로서 감정노동도 제공해야 한다. 이 중에 일부, 혹은 모든 요소들이 결합될 때에 싱글맘과 그 자녀들이 재정적, 감정적, 가정적 안정성을 획득하는 것은 전쟁이 된다.

통계나 자료를 믿기도 어려운데, 대부분의 통계가 각각 다른 방법론과 기준을 사용한 여러 집단의 연구 결과를 조합한 것이기 때문이다.[1] 그러나 전 세계적인 공통점이 있다.

○ 국제 빈곤선*은 하루에 1.9달러이다.

○ 2016년에 미국의 빈곤 인구는 4,060만 명(전체 인구의 12.3퍼센트)이었다.

○ 전 세계에서 평균적으로 여성은 남성보다 23퍼센트 적은 임금을 받으며, 빈곤층에 속할 확률은 남성에 비해서 38퍼센트 높다.

○ 전 세계 14퍼센트의 아동들이 한 부모 가정에 속해 있으며, 이 중 80퍼센트가 싱글맘 가정이다. 이들의 경제적 환경은 절반 이상이 빈곤선 아래에 위치한다.

○ 2014년 30.6퍼센트의 싱글맘 가정이 빈곤층에 속했는데, 이는 2인 부모의 가정보다 3배 높은 비율이다.

---

1 OECD(36개 국), US 센서스, 세계은행(89개 국), 옥스팜 연구
* 최저한도의 생활을 유지하는 데에 필요한 수입 수준

○ 워싱턴 D.C.에서의 1년 보육비는 한 부모 가정 최저 임금의 103.6퍼센트였다(1년 보육비는 22,631달러이고, 최저 임금을 받고 8시간 근무한 사람의 총 수입은 21,840달러이다).

○ 백인 가정과 흑인 가정의 소득 비율은 10 : 1이다.

○ 25세에서 34세 사이의 남녀 중 빈곤 가정에서 사는 남녀의 비율은 남성 100명당 여성 122명이다.

2016 미국 인구
76.6% 백인
13.4% 흑인
18.1% 라틴계
5.8% 아시아계
1.3% 아메리카 원주민

여성 빈곤율
9.7% 백인
21.4% 흑인
18.7% 라틴계
10.7% 아시아계
22.8% 아메리카 원주민

아동 빈곤율
10.8% 백인
30.8% 흑인
26.6% 라틴계
11.1% 아시아계
25.4% 아메리카 원주민

싱글맘 가정 비율
15% 백인
49% 흑인
26% 라틴계
11% 아시아계
10.2% 아메리카 원주민

빈곤층 싱글맘 가정 비율
30.2% 백인
38.8% 흑인
40.8% 라틴계
20.0% 아시아계
42.6% 아메리카 원주민

스포트라이트
사파티스타

사파티스타 민족해방군(EZLN : Ejercito Zapatista de Liberacion Nacional)은 멕시코에서 가장 낙후된 지역인 치아파스 주의 좌파 원주민 단체이다. 처음에는 평화로운 방식으로 멕시코의 농촌을 보호하는 비밀 민중 단체로 시작했으나 필요하면 무장봉기도 일으켰다. 사파티스타는 과거에 여성 인권이 굉장히 낮았던 치아파스 주의 여성들로 구성되어 있다. 이들은 가부장적 가정에 종속되었고 공공 영역이나 정부 단체에서 활동할 수 없었다. 그러나 지난 30년 동안 자급자족적 사회 기반 시설을 만들어 여성의 권익을 증진시키고 결정권을 차지했다.

사파티스타가 통과시키고 1994년에 1월에 성문화된 여성혁명법의 내용은 다음과 같다.

1. 여성에게는 인종, 신념, 피부색, 정치 성향에 상관없이 각기 다른 욕구와 역량에 따라 혁명에 참여할 권리가 있다.
2. 여성에게는 노동과 노동에 따르는 정당한 대가를 받을 권리가 있다.
3. 여성에게는 몇 명의 아이를 가지고 기를지 결정할 권리가 있다.
4. 여성은 지역 사회 문제에 참여할 수 있고, 그 여성이 자유롭고 민주적인 방식으로 선거에 출마했다면 정권을 잡을 권리가 있다.
5. 여성과 그 자녀들에게는 건강과 영양에 대해서 가장 먼저 관심을 얻을 권리가 있다.
6. 여성에게는 교육받을 권리가 있다.
7. 여성에게는 의무적인 결혼을 하지 않을 권리가 있으며, 여성이 자신의 파트너를 선택할 수 있다.
8. 여성에게는 가족 친지와 낯선 이들에게 폭력을 당하지 않을 권리가 있다.
9. 여성은 조직의 수장이 될 수 있으며, 혁명군의 높은 지위에 오를 수도 있다.
10. 여성에게는 여성혁명법과 규정에서 기술한 모든 권리와 의무가 있다.

이 조항들이 유지될 수 있었던 이유 중의 하나는 알코올(약물)을 엄격히 금지했기 때문이며, 이는 아직까지 부분적으로 유지되고 있다. 알코올을 금지하자 가정폭력이 급격히 줄었고, 민족해방군 활동에 필요한 자금이 모였다.

EZLN의 토대는 여성의 권리 운동과 멕시코 정부에 권리를 요구하는 투쟁이 결합되었다는 것이다. 그들은 더 큰 전쟁에서 승리하기 위해서는 여성의 권리가 반드시 필요하다는 사실을 알았다. 러모나 사령관(EZLN의 지도자이자 창립자 중 한 명)이 사망하자 부사령관 마르코스는 이렇게 말했다. "세상은 새로운 세상을 낳은 여성 한 명을 잃었다."

조용한 남부의 전염병

흑인 사회와 라틴계 게이 남성 공동체 내의
HIV와 에이즈

1980년대에 사람들을 공포로 떨게 한 에이즈는 당시 가장 대책 마련이 시급한 의학적, 정치적, 사회적 문제였다. 이 병은 수많은 동성애자와 양성애자 남성, 정맥 주사로 인한 약물 중독자들과 성노동자들을 죽음으로 몰고가면서 게이 사회를 초토화시켰다. 그러나 이 병에 관한 정보와 치료에 대한 접근성은 인종, 계급, 지리적 요인에 따라서 완전히 달랐으며 이는 지금도 마찬가지이다.

에이즈와의 전쟁은 1980년대에 에이즈 발병을 막을 수 있는 치료제의 발전으로 이어졌고, 따라서 많은 사람들이 HIV(인간 면역 결핍 바이러스)/에이즈 위기가 어느 정도 지나갔다고 생각한다. 이는 부정확할 뿐만 아니라 매우 위험하기도 한 가정이다. 현재 미국에서 HIV 감염자 비율이 가장 높은 곳은 남부로, 2016년을 기준으로 신규 HIV 감염자의 50퍼센트가 남부인이다.

HIV 고위험군은 남성과 성관계를 맺은 남성(MSM)이며, 흑인 및 라틴계 남성이 많다. 흑인 2명 중에 1명, 라틴계 4명 중에 1명이 평생 동안 남성과의 성관계를 통해서 HIV에 감염될 수 있다. 많은 MSM은 자신을 게이나 퀴어로 정체화하지 않는다. 미국의 질병통제예방센터는 이것이 남부의 결과라고 명시하지는 않았지만, 남부의 HIV 감염자 비율이 미국에서 가장 높다는 사실은 인정한다.

에이즈가 많이 발생하는 배경으로는 부적절한 성교육, 보수적인 법안, 종교적이고 제도적인 동성애 혐오 등을 들 수 있다. 또한 예산과 의료 자원의 한계 때문에 전문적인 치료가 이루어지기 어렵기도 하다. 이런 요소들은 예방(감염율을 낮추는 방식) 및 감염 후의 치료에 대한 심각한 장벽이 된다.

불법체류 중인 라틴계 남성은 더 많은 문제에 봉착한다. 그들은 시민권이 없거나 보험이 없어서 치료를 받고 싶어도 받을 수가 없으며, 치료를 받으러 간다고 해도 영어가 서툴러서 어려움을 겪을 수 있다. 자신의 과거 성생활을 밝히는 것 자체가 이미 사적인 문

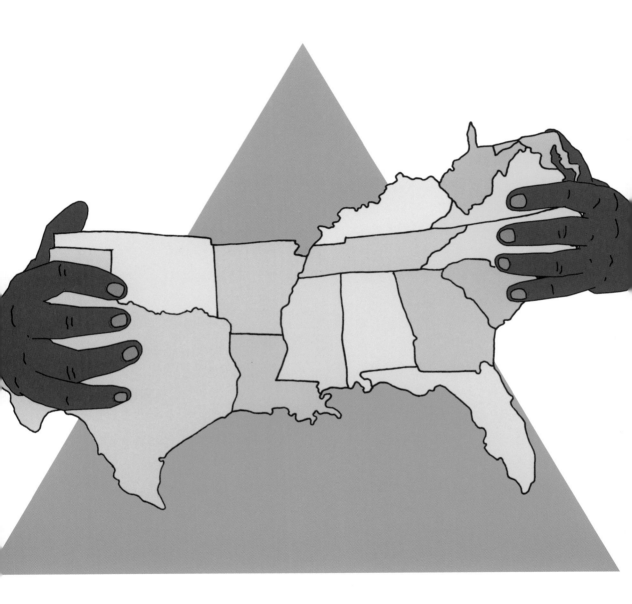

제인데, 언어의 장벽까지 있으면 개인 정보를 드러내는 것이 힘들 수밖에 없다.

미국 남부는 여전히 퀴어와 게이 정체성에 사회적 낙인을 찍는다. 이들에 대한 수치와 은폐의 문화도 뿌리가 깊다. 나는 남부에서 자랐고 지금도 남부에서 살고 있는데, 이 지역의 학교 대부분은 금욕주의 성교육만 실시한다. 이런 환경에서는 이성 간의 성관계조차 인정되지 않는다. 그러니 안전하게 퀴어 간 성관계를 하거나 병원에 가거나 성적 지향과 관련된 정신과 치료를 받는 것이 얼마나 힘들지 쉽게 상상할 수 있을 것이다.

남부는 미국에서 가장 종교성이 짙은 지역이다. 많은 경우, 종교 공동체에서 자신이 LGBTQ+이거나 HIV 보균자라고 밝히기는 매우 어렵다. 그러나 영혼의 문제에 관심을 가지고 종교에 의지하는 것이 흑인과 라틴계 MSM들의 건강과 치료에 긍정적인 영향을 미친다는 연구도 있다.

질병통제예방센터가 발표한 2016년 미국의 에이즈 통계는 다음과 같다.

- 1981년 이후 123만2,246명이 에이즈 진단을 받았다.
- HIV 보균자의 63퍼센트는 MSM 인구 사이에서 발생했다.
- 남부에서는 10만 명당 18.5명이 HIV 보균자이다(전국에서 가장 높은 비율이다).
- 미국의 HIV 보균자 중에서는 흑인 MSM과 게이 남성이 차지하는 비율이 가장 높으며, 젊은 MSM 인구가 새로운 보균자의 55퍼센트를 차지한다.
- HIV 보균자로 진단받은 사람의 21퍼센트는 라틴계이며 그중 MSM은 85퍼센트이다.

남부의 에이즈 발병률은 매우 가슴 아픈 통계이다. 이 문제가 지금보다 조명을 받아서 앞으로 더 나은 방향으로의 변화가 이루어지기를 희망한다.

공공시설 사생활 보호 및 보안법
(HB2 법안)

정부가 퀴어와 트랜스, 비관행적 젠더를 차별하기 위해서 시도한 방법들은 무수히 많다. 2016년 노스캐롤라이나 주 의회가 채택한 "공공시설 사생활 보호 및 보안법"은 사람들이 자신의 젠더에 맞는 공중화장실을 사용할 수 없고, 출생증명서상의 생물학적 성별에 맞는 공중화장실만 써야 한다는 내용을 골자로 한다. 즉 트랜스젠더 남성은 여성용 화장실을 이용해야 하고, 그 반대도 그렇다는 뜻이다.

"모든 공립 학교와 정부기관, 주립 대학의 화장실이나 탈의실 등 많은 사람들이 이용하는 시설에서 학생들은 생물학적 성별에 따라서 시설을 이용해야 한다."
— **"공공시설 사생활 보호 및 보안법", 노스캐롤라이나 주 의회**

이 어이없는 법안에 대해서 잠시 생각해보자. 숙고하면 할수록 이 법안에는 문제가 많다. 그리고 이 문제는 노스캐롤라이나 출신의 젠더퀴어이며 화장실에 갈 때마다 사람들의 시선을 느끼는 나 같은 사람에게는 굉장히 개인적인 문제이기도 하다. 보호라는 명분하에 만들어졌지만 이 법안은 단순하고도 심각한 트랜스 혐오일 뿐이다. 그들의 주장은 일단 옆으로 제쳐두더라도 기본적인 욕구를 해결하는 공공시설의 사용을 금지한다는 발상자체가 차별적이고 잘못되었다. 정부가 화장실 사용까지 통제하면서 젠더에 대한 편견을 강화해서는 안 된다.

HB2 법안의 입안자들은 트랜스젠더 여성(그들의 눈에는 남자인 사람)이 여성용 화장실을 음흉한 목적으로 이용하여 시스젠더 여성들이 위험에 처할 수 있는 상황을 방지하기 위해서 필요하다고 주장한다. 그러나 외견상 여성인 트랜스 여성이 남성용 화장실을 이용하는 것이야말로 그들에게는 소름끼치게 두렵고 위험한 일일 수 있다. 여성을 보호한다는 이 법안은 트랜스 여성을 위험에 몰아넣는다. 또한 이 법을 강요하면 트랜스 남성들은 여성용 화장실을 사용해야 한다. 사람들이 자신과 닮은 사람들이 이용하는 화장실을 들어가지 못하게 되면 반대의 결과가 일어난다. 남성이(그렇다. 트랜스 남성은 남성이다) 여성용 화장실을 이용하게 되는 것이다. 그들이 두려워하는 바로 그 문제를 자초하는 셈이다.

공중화장실 이용은 인간의 기본권이다. 누구든 아무런 문제도 없이 자신에게 가장 편안한 화장실을 이용할 수 있어야 한다.

"성노동"은 나쁜 용어가 아니다

"'성노동'은 성과 성행위를 교환하는 행위를 포괄적으로 설명하는 용어이다. '매춘'이라는 부정적인 용어를 대신해서 사용하기도 한다……'성노동'이라는 단어를 사용하면 성노동 또한 노동이라는 개념을 강화하고 노동권과 노동 조건과 관련된 심도 있는 논의를 이끌 수도 있다. 성과 관련된 산업에 종사하는 모든 사람들이 자신을 성노동자로 정의하지 않고 성을 교환하는 것을 노동으로 생각하지 않을 수도 있다. 어떤 이들은 자신이 하는 일을 노동이 아니라 필요한 것을 얻는 수단으로 보기도 한다. 포르노그래피 산업이나 선정적인 댄스 업계처럼 합법적인 노동 조건 안에서 일하는 이들은 자신의 일이 불법 성매매와 엮이는 것을 피하고 싶을 수도 있다. 성과 성행위를 제공하고 돈 대신 음식, 주택, 호르몬, 마약, 선물 등을 얻을 수도 있다. 사실 비영리 단체나 연구자들은 생존을 위해서 성을 파는 행위를 설명할 때에는 '생존 성매매'라는 용어를 사용한다."

—「의미 있는 노동 : 성매매에 종사하는 트랜스젠더의 경험」, 2015, 에린 피츠제럴드, 사라 엘스퍼스 패터슨, 다비 히키(그리고 체르노 비코와 하퍼 진 토빈)

성노동은 인류 역사상 가장 오래된 일은 아니어도 가장 오래된 일 중의 하나이기는 하다. 일로서의 성은 고대로부터 다양한 형태로 존재해왔다. 한때는 매우 흔했고 때로는 칭송받기도 했던 이 노동은 시간이 지나면서 사회적 비난의 중심에 놓이게 되었다.

그래도 한 가지 주의할 점은 성노동 또한 노동이라는 점이다. 성노동은 점원이나 건축가, 프리랜서 작가가 하는 일과 마찬가지로 하나의 일이다. 매우 안타깝지만 우리 모두는 먹고 살기 위해서 일을 해야 한다. 자기 직업을 싫어하는 사람도 있고 좋아하는 사람도 있으며 이는 성노동자들도 마찬가지이다. 슬프게도 성노동은 대체로 오해받고 판단받으며 범죄의 표적이 되기도 한다. 그리고 쾌락을 위해서건 필요에 의해서건 혹은 둘 다를 위해서건 그 일을 하는 사람들은 위험에 노출된다. 성노동을 성 불법 거래(인신매매)와 혼동해서는 안 된다. 이 둘 사이에는 결정적인 차이가 있다. 성노동은 성인들 사이의 합의된 교환이다. 성 불법 거래는 성적으로 무력한 사람들에게 행하는 폭력, 납치, 무력 행위에 의한 강압 등이 관련된 인권 유린이다. 성노동자들은 성 불법 거래를 용납하지 않는다.

성노동에 대해서는 의견이 첨예하게 갈린다. 어떤 이들은 성노동이 억압, 성폭력, 여성의 신체에 대한 상품화를 지속한다고 비판하는 반면, 또다른 이들은 성노동 또한 법적인 형태의 노동이며, 상호 합의적인 성적인 표현을 이성애 중심적인 기준에서 벗어난다고 비난해서는 안 된다고도 한다. 이 문제는 복잡하며, 교차성과도 긴밀히 연결되어 있다. 어떤 사람이 이런 직업군에 속하게 되거나 이런 경험을 하게 되는 이유는 인종, 젠더, 계급, 지리적 조건, 정신 건강 상태에 따라서 다르다. 또한 그 안의 계층도 다양해서 1년에 50만 달러를 버는 고급 에스코트들이 있는가 하면, 하루 벌어 하루 살기도 힘든 거리의 성노동자들도 있다.

성노동자들 중 유색인들은 성폭력이나 감정적인 폭력의 피해자가 될 확률이 높다. 특히 유색인 트랜스 여성, 약물 중독자, 불법 체류자가 성노동을 시작하고자 할 때에 문제는 간단하지 않다. 젠더 차별과 체제적인 불이익으로 인해서 제대로 된 주거와 직업을 얻기 힘든 조건에 놓여 있을 수 있기 때문이다. 2012년 캐슬린 N. 디어링과 학자들이 실시한 조사에 따르면, 성노동자의 45퍼센트에서 75퍼센트가 고객, 포주, 법 집행자들에게 성폭력을 경험했다고 대답했다. 거의 모든 성노동이 불법이기 때문에 성노동자는 건강과 관련된 것을 비롯한 필수적인 복지에 접근하기가 어렵고, 이들의 권리를 보호하는 법안도 거의 마련되어 있지 않다. 게다가 폭행과 강간의 피해자들이 체포당할 것을 두려워하지 않고 신고를 하는 것은 너무나도 어려운 일이다.

찾아보면 성노동을 합법화하거나 범죄화하지 않는 방식으로 어느 정도 성공을 이룬 사례도 있다. 미국의 네바다 주 같은 경우(안전 절차가 마련된 합법적 사창가가 있다)도 있고 성노동은 기소하지 않으나 성을 구매하는 것은 불법으로 간주하는 경우(캐나다)도 있다. 후자의 경우 이론상으로는 판매자에게 자신의 노동 조건을 결정할 수 있는 권한이 있는 것 같지만, 성매매가 음지화되면서 지하 성매매가 증가할 수도 있다.

당신이 동의하건 동의하지 않건 성노동은 세상 모든 곳에 존재한다. 성노동이 존재하기 때문에 성노동에 종사하는 사람은 인간의 기본권을 부여받아야 하고, 의료 서비스를 받을 수 있어야 하며, 성폭행을 당했을 때에 법적인 보호를 받아야 한다. 안전한 주거 생활을 할 수 있어야 하며, 자신의 일이 일이라는 것을 인정받아야 한다. 이 업계에서 일하는 사람들을 향한 섣부른 판단과 편견은 잠시 미루어두고 낙인을 찍지 않는 방식으로 이야기를 시작해보는 것이 매우 중요하다.

빨간 우산은 전 세계적으로 성노동자 인권 운동의 상징이다 »

스톤월 항쟁 (1969년 6월 28일)

1961년 동성애는 일리노이 주를 제외한 모든 주에서 노골적으로 불법은 아닐지 몰라도 금지였다. 일리노이는 1961년 소도미 법을 폐지하면서 "동성애 행위 범법화 금지"를 처음 실시한 주가 되었다.

1969년 6월 28일 새벽 1시 20분 퀴어 역사상 가장 혁명적인 사건이 일어났다.

당시 뉴욕의 게이 바는 (1966년부터) 알코올 판매 허가를 받았음에도 경찰의 단속이 수시로 이루어졌다. 경찰들은 게이끼리 키스를 하고 서로를 만지고 밀착해서 춤을 추거나 여성복을 입는 등 "게이 같은 행동"을 하는 것만으로도 사람들을 체포할 수 있었다. 스톤월 주점은 퀴어들이 자유롭게 춤을 출 수 있는 몇 안 되는 곳이었다. 이곳은 또한 단순한 바가 아니라 퀴어, 트랜스 청년 노숙인, 드래그 퀸들이 안전하게 모일 수 있는 공간이기도 했다. 당시 대부분의 게이 바는 드래그 퀸의 입장을 허용하지 않았고, 가족에게 거부당해 노숙인이 된 청년들을 받아주는 사회 시설도 없었다. 반면 스톤월은 모두를 포용했다.

스톤월과 같은 골목에 있는 다른 게이 바들이 문을 닫자, 순찰을 돌던 경찰은 6월 28일에 스톤월을 급습했다. 스톤월의 주인과 손님들은 경찰에게 맞섰고 이는 6일간의 대치로 이어졌다. 한 여성이 체포되면서 이렇게 소리를 질렀다. "너희들 왜 그렇게 가만히 있는 거야?" 그러자 서 있던 시민들이 무엇인가를 하기 시작했다. 경찰이 퀴어 공동체는 절대로 저항하지 않는다고 생각하며 안심하던 차였다. 경찰은 게이들이 수치심과 두려움 때문에 시위를 하면서 자신을 드러내려고 들지 않을 것이고, 여성스럽고 연약하고 수동적인 그들이 거세게 나오지는 않을 것이라고 예상했다. 둘째 날 밤, 수천 명의 시위대가 모였다. 이 항쟁의 중심이 된 스톤월의 주인 마이클 페이더는 말했다. "그날의 공기는 달랐습니다. 너무나 오래 보류되었던 자유의 정신이 있었어요. 우리는 그 자유를 위해서 싸울 준비가 되어 있었습니다. 방식은 달랐지만 목적은 하나, 우리는 도망치지 않겠다는 거였죠. 결국 도망치지 않았습니다."

스톤월 주변에서는 6일간 사람들이 돌을 던

졌고, 드래그 퀸들을 위해서 구호를 외쳤으며, 경찰은 시위자들을, 시위자들은 경찰을 폭행했다. 시위자들은 차량 통행을 막고 주차 미터기를 무기로 사용했으며, 쓰레기통에 불을 지르고 길에서 캉캉 춤을 추었다. 퀴어들은 어디서나 멋진 무도회를 열 수 있는 법이다.

스톤월 항쟁은 끝났지만 이 사건은 게이 인권 운동의 불을 지폈다. 이 항쟁으로 게이 해방 전선, 동성애자 연합이 탄생했으며, 항쟁 이듬해에는 첫 동성애자 자긍심 행진도 열렸다(당시에는 크리스토퍼 가의 날로 알려졌다).

2003년 6월 26일 동성애를 차별하는 법이 14개 주에서 철폐되었다(버지니아, 노스캐롤라이나, 사우스캐롤라이나, 앨라배마, 플로리다, 미시시피, 미주리, 유타, 루이지애나, 텍사스, 오클라호마, 아이다호, 캔자스, 미시간).

2016년 6월 24일 스톤월 주점은 미국의 사적지로 지정되었고 LGBTQ+ 역사상 최초의 기념물이 되었다.

LGBTQ+는 거대한 단일조직이 아니다

"인정하기는 싫지만 솔직하게 말해서 나는 게이 공동체를 자주 찾지 않습니다. 그래서 무지해요. 정확한 대명사도 모릅니다. 그래서……스스로가 너무 멍청하게 느껴져요. 아주 솔직히 털어놓자면, 트랜스들을 보면서 이런 생각도 합니다. '왜 그냥 살지 않을까? 수술비도 어마어마하고 굉장히 고통스러울 텐데 굳이 꼭 그 수술을 받아야 할까? 굉장한 트라우마일 텐데.' 수술을 하고 변화를 느끼는 게 어떤 의미인지 나는 진심으로 이해한다고 할 수가 없습니다. 아마 저 바깥에는 나 같은 사람이 무수할 겁니다. 무지한 사람, 이해하지 못하는 사람이요. 아마 대부분의 이성애자들은 우리가 LGBTQ+이기 때문에 서로의 역경과 곤경을 이해할 거라고 가정할지도 몰라요. 완전히 틀린 생각입니다."
— 탠 프랜스, 「퀴어 아이」 시즌 1 제5화에 출연한 트랜스젠더 스카일러와의 대화

이성애자와 LGBTQ+ 공동체에 대한 오해가 있으니, 모든 분야의 퀴어들이 동선과 지인이 겹치고, 서로를 속속들이 알며, 같은 공간에 드나든다는 것이다. 대체로 사실이 아니다. 내가 모든 사람을 대변할 수는 없지만 퀴어인 나는 게이 남성, 투 스피릿, 레즈비언이라고 정체화한 사람들과 자주 어울리지 않

는다. 내 주변에는 시스 여성들, 젠더퀴어, 트랜스*들이 많다.[1]

너무나 당연하지 않은가. 넓은 범주에 속한 어떤 소집단이 정체성은 같아도 활동 분야가 다른 소집단의 사람들과 항상 어울리는 것은 아니다. 당연히 괜찮은 일이다. 그

---

1 가끔 트랜스*(별표가 붙음)는 비 시스젠더 정체성을 가진 모든 사람들을 포용하는 용어로 사용된다. 그러나 대체로 트랜스(별표가 붙지 않음)는 자신을 트랜스젠더로 정체화한 사람들을 가리킨다.

러니 당신이 LGBTQ+ 공동체에 속한 사람과 대화할 때에 그들 또한 그 넓은 공동체에 속한 다른 소수자들의 경험에 개인적으로는 친숙하지 않을 수 있음을 아는 것이 좋다. LGBTQ+라는 스펙트럼은 엄청나게 광범위하기 때문에 이 안에는 타인의 다양한 경험을 이해하고 성장할 수 있는 공간이 얼마든지 있다.

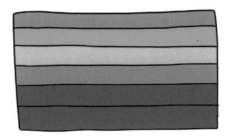

게이 자긍심 깃발

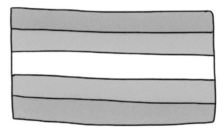

트랜스젠더 자긍심 깃발

무성애자 깃발

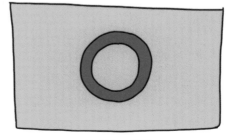

인터섹스 깃발

커밍아웃 운동의 위험성

당신의 젠더와 섹슈얼리티를 드러내는 것이 안전하게 느껴지지 않는 환경에 있다면 **안전하다고 느낄 때까지 스스로를 보호하는 것도 괜찮다.**

커밍아웃을 하는 이들의 용기와 신념을 과하게 칭송하는 경향이 있다. 커밍아웃을 퀴어 공동체의 정식 입장권이자 만능열쇠로 보기도 한다. 더 많은 친구들과 가족들에게 마음을 여는 것은 분명 용기 있는 행동이지만, 주변의 압박을 이기지 못해 커밍아웃을 하는 것은 심각하고 위험한 결과를 야기할 수 있다. 커밍아웃을 해야만 완전하고 자유롭고 정직한 자아가 된다는 서사도 있지만, 커밍아웃을 하지 않고도 완전한 자아로 살 수 있는 방법이 많다. 우리는 자신의 트라우마, 비밀, 두려움, 몸을 당장 공개하고 싶지 않을 수 있고, 언제라도 적당한 때가 오면 그때 자신을 당당하게 드러낼 수도 있다.

퀴어와 트랜스들이 가시화되고 인정과 존중을 받는 것은 중요한 일이다. 그러나 커밍아웃 서사의 주인공들은 사회적인 특권이 있는 사람들인 경우가 많다. 어떤 공동체건 퀴어와 트랜스들은 자신의 젠더나 섹슈얼리티가 노출되었을 때에 부정적인 반응을 얻거나 비인격적인 취급을 당할 가능성이 있지만, 그 또한 인종이나 계층, 지리적 조건에 따라서 달라진다. 취약한 계층은 커밍아웃 이후에 훨씬 더 극단적인 결과를 얻을 수 있다. 직장 내 차별을 당할 수도 있고, 성폭력, 성희롱, 괴롭힘을 당하기도 하며, 사랑하던 사람들에게 거부당할 수도 있고, 집에서 쫓겨나면서 주거가 불안정해질 수도 있다.

아직 커밍아웃을 하지 않은 누군가를 안다면 그들이 준비가 될 때까지 기다리며 마음으로 응원하는 편이 좋다. 커밍아웃을 종용하거나 퀴어 공동체에 들어가기 위해서는 커밍아웃이라는 입장권을 사야 하는 것처럼 말하지 말자. 가시성에 지나치게 높은 가치를 부여하는 것은 커밍아웃을 해도 사생활과 안전이 보장될 만한 특권이 없는 개인에게 그 결과를 알아서 감당하라고 말하는 것과 같다.

우선 그들을 지지하자. 그리고 그들이 당신을 충분히 믿고 개인적인 경험으로 초대할 때에 고마워하면 된다.

매슈 셰파드는 스물한 살의 게이 남학생으로, 1998년 10월 6일 와이오밍 주 래러미의 한 농장의 울타리에 묶여 심한 구타와 고문을 당한 채 발견되었다. 발견 당시에는 살아 있었으나 의식을 회복하지 못하고 6일 후에 사망했다.

그의 사망 사건은 사회적으로 파장을 일으켰고, LGBTQ+ 공동체를 향한 증오 범죄를 처벌하는 매슈 셰파드 법(공식적으로는 매슈 셰파드와 제임스 버드 주니어 증오 범죄 방지법)의 제정으로 이어졌다. 이 법은 증오 범죄의 법적 정의를 확장하면서 피해자의 (인지된) 젠더, 성적 지향, 젠더 정체성, 장애를 동기로 일으키는 범죄도 증오 범죄에 포함했다.

살인자들의 동기가 동성애 혐오였는지, 아니면 마약의 영향 때문인지에 관해서 논란이 일었으나 정확한 이유는 아직 밝혀지지 않았다. 그러나 셰파드는 소수자 인권 운동과 증오 범죄 방지법 역사의 상징적인 인물로 남아 있다.

광고

젠더에 대한 고정관념은 늘 그래왔듯이 광고에서 가장 두드러진다. 텔레비전이나 잡지의 광고를 보면 어딘가에서 본 장면이 또 나온다. 피부를 갈색으로 예쁘게 그을린 늘씬한 백인 여성이 해변에 누워서 그 장면과 하등 관계없는 제품, 즉 맥주 같은 제품을 광고한다. 소년들은 장난감 브랜드 핫 휠의 자동차 장난감을 가지고 논다. 남자들은 스포츠카를 운전한다. 여자들은 청소를 한다. 남자들은 여자들에게 추파를 던진다. 전문가는 남자, 주부는 여자이다. 그리고 백인 일색이다.

우리는 광고가 젠더 고정관념을 우리의 얼굴 앞에 노골적으로 들이민다는 사실을 인식하고 있다. 그러나 광고는 교묘하게 남성성과 여성성, 남녀의 역할을 우리 잠재의식에 스미게 한다. 광고는 어떤 제품을 구입하면 더 날씬해지고 강인해지며 아름다워지고 잘생겨지고 부유해지고 섹시해지며 똑똑해진다고 말한다. 그것은 나의 젠더와 잘 어울릴 것이며 상대 젠더가 나를 더 매력적으로 보게 해줄 것이다. 광고는 건강하지 않은 젠더 관습을 무의식 속에 심고 젠더 역할을 이해하는 방식에 지속적인 영향을 미친다.

1911년에 세상은 "성(性)은 돈이 된다"라는 공식을 이해하게 되었다. 비누 회사 우드버리의 지면 광고에서는 한 여성이 남성의 팔에 안겨 있는 사진 옆에 이런 광고 문구가 붙었다. "만지고 싶은 피부." 아마도 여성을 대상화한 최초의 대기업 광고라고 할 수 있을 것이다(얼마나 획기적인 사건인가). 이 광고는 여성의 피부가 가진 주요 기능은 남성의 쾌감을 위한 것이며, 자기만족은 차선이라는 생각을 암시한다. 또한 이는 여성은 남성의 욕구에 맞춰야 한다는 함의로도 이어진다.

미디어에서 자신이 대상화되는 장면을 자주 보면 실제로 스스로를 대상이라고 믿게 된다. 모든 젠더와 신체 유형은 자기 대상화를 경험하지만 큰 영향을 받는 사람은 주로 여성이다. 미디어에서 오직 남성의 쾌락을 위해서만 존재하는 비현실적이고 비인간화된 여성들이 너무나 자주 등장하기 때문이다.

광고 속 몸은 시대를 막론하고 대중들에게 미묘하면서도 구체적인 이미지를 전달한다. 여성의 대상화는 여성에게 제품을 판매할 때에는 잘 통하지 않을 수 있지만, 젠더화된 미

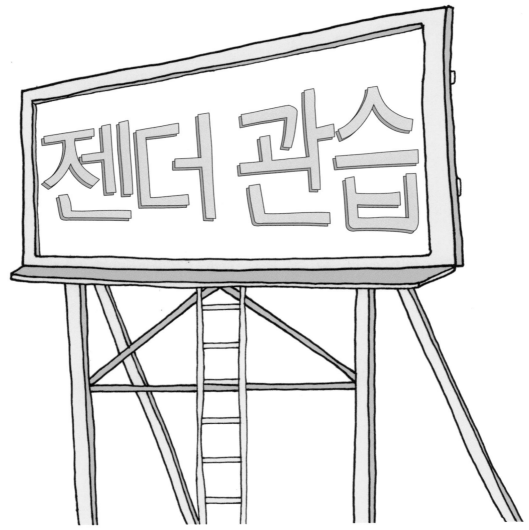

적 기준을 유지하기에는 효과적이다. 마찬가지로 광고 속의 잘생긴 근육질의 남성은 남자다워지기 위해서는 하루에 8시간씩 체육관에서 살아야 한다는 생각을 강요한다. 과체중인 사람들은 대체로 수치와 비난의 대상이 되고, 대중은 과체중에 대한 사회적 차별을 내면화한다.

나는 아직 광고에서의 비관행적 젠더에 대해서는 언급하지 않았는데, 이들이 나온 광고가 역사적으로 거의 없기 때문이다. 젠더 벤딩이 들어간 예는 남자들이 웃기려고 여성용 드레스를 입거나, 예민하고 세심한 남자를 놀리는 장면뿐이다. 지난 몇 년간 텔레비전과 지면 광고에서 LGBTQ+의 출연 횟수가 증가하고 있기는 하다. 패션계에서는 언제나 양성성을 강조해왔고, 최근에 젠더 벤딩이 부활하면서 지면 광고에서도 그 모습을 찾을 수 있게 되었다. 그러나 런웨이에서 다른 젠더의 전형적인 패션을 입은 모델이 항상 시스젠더라는 점은 여전히 혼란스럽다. 기억하자. 젠더 표현이 반드시 젠더 정체성을 의미하지는 않는다(여성스러운 옷을 입는 남자가 자신을 남성으로 정체화할 수도 있다).

논 바이너리 모델은 여전히 소수이고 극히 드물다. 그리고 양성성이라는 틈새시장으로 들어갈 기회를 얻는 이들은 대부분 젠더 이분법에 속한 사람들이다. 텔레비전 방송이나 영화에서는 시스젠더 배우들이 트랜스젠더 역할을 연기하고, 런웨이에서는 논 바이너리 모델이 더 잘 소화할 수 있는 양성적인 옷을 시스젠더 모델이 입고 걷는다. 레인 도브(논 바이너리 모델)이나 안드레야 페이치(트랜스 모델), 마리아 호세(트랜스페미닌 모델), 어맨들라 스텐버그(논 바이너리 배우, 모델), 에런 필립(장애인, 트랜스, 젠더 플루이드 모델) 등이 경계를 넓혀 논 바이너리에게 조명을 비추고 있다. 앞으로도 이들이 미디어의 얼굴이 되고자 하는 다양한 젠더들을 이끌어주기를 바란다.

2017년 영국은 해로운 젠더 고정관념을 조장하는 광고를 금지했다. 여기에는 여성이나 소녀를 대상화하거나 성적 대상으로 만드는 광고, 건강하지 못한 마른 몸매를 선망하게 하거나 비관행적 젠더의 사람들을 무시하는 광고 등이 포함된다.

신체, 인종, 젠더의 고정관념을 강조하는 광고를 배제하기 위해서는 아직도 해야 할 일이 많다. 그러나 우리는 스스로 어떤 사람이 되어야 한다고 말하는 광고주들에게 속아 넘어가지 않기 위해서 노력할 수 있다.

리벳공 로지의 신화

우리 모두 페미니즘의 아이콘 리벳공 로지의 이미지를 잘 알고 있다. 제2차 세계대전의 페미니스트 영웅이자 페미니즘 운동의 상징이 아닌가?

글쎄……그렇지 않다.

우리가 이 강력한 그림에 입힌 이야기는 사실 허구이다. 우리는 "위 캔 두 잇(We Can Do It)" 포스터를 여성에게 힘을 주는 그림, 페미니즘을 대표하는 그림이라고 생각한다(그리고 친구들은 매년 할로윈마다 점프 슈트를 입고 머리에 반다나를 한다). 그러나 처음 발행되었을 당시 이 포스터에는 여성의 힘이라는 메시지를 전달하려는 의도가 전혀 없었다. 물론 당시에 (남성들이 전쟁에 나가 있었으므로) 여성 노동자들을 모집하는 포스터들이 많기는 했다. 그러나 "위 캔 두 잇"은 그중의 하나가 아니었다. 웨스팅하우스 일렉트릭 사가 화가 J. 하워드 밀러에게 공장에 걸 만한 동기 부여 포스터 연작의 제작을 의뢰했는데, "위 캔 두 잇" 포스터는 그때 제작된 여러 장의 포스터 중 하나였다. 이 포스터는 2주일 동안만 공장에 걸려 있었으며, 시선을 끌 만큼 인상적이지도 않았다. 밀러는 포스터 속 여성에게 이름을 붙이지도 않았다. "로지"라는 이름은 화가 노먼 록웰이 1943년 『새터데이 이브닝 포스트(*Saturday Evening Post*)』에 이 그림을 재현하면서 처음 붙여진 것이다. 노먼 록웰이 그린 판본에서는 건장한 여성이 점심 도시락을 먹으며 발로는 히틀러의 『나의 투쟁(*Mein Kampf*)』을 밟고 있다. 그 점심 도시락통에 쓰여 있던 이름은? 바로 로지였다.

"위 캔 두 잇" 포스터의 이미지는 제2차 세계대전 40주년 기간인 1980년대에 다시 부활했고, 페미니스트의 힘, 강인함, 독립성의 상징으로 채택되었다. 여기에 숨겨진 비화가 있으니, 록웰이 아닌 밀러의 이미지가 선택된 것은 이 그림이 저작권도 없었고, 그림 안에 히틀러의 책도 없어서 다양한 맥락에서 적용하기 쉽다는 이유 때문이었다. 화장을 하고 깔끔한 옷을 입고 있는 로지를 선택한 것도 우연은 아니다. 당시 여성은 공장에서도 꾸며야 한다는 압박을 받았다.

미국의 최고령 공원 관리자인 베티 리드 소

스킨은 캘리포니아 주 리치먼드의 리벳공 로지 박물관에서 일한다. 그녀는 로지가 탄생한 시절에도 살아 있었는데, 그녀가 기억하는 프로파간다 뒤의 현실은 그다지 장밋빛이 아니었다. 이 그림의 모델이 된 로지는 인종을 구분하여 근무시킨 공장의 흑인 노동조합의 회원이었다. 그 공장에서 흑백 여성이 차별 없이 연합하여 일했다는 설도 있지만 소스킨은 그렇지 않다고 말한다. "어떤 사람이 가장 먼저 고용되는지 살펴봅시다. 처음엔 너무 늙어서 전쟁에 못 나가는 남자부터 채용하죠. 두 번째로는 입대를 하지 못한 소년들을 뽑습니다. 세 번째로 미혼의 백인 여성들을 뽑고, 그 사람들로도 인원을 채우지 못하면 기혼인 백인 여성들을 뽑습니다. 1943년이 되어서야 흑인 남성들이 처음으로 공장에 취직했습니다. 하인이나 수습 직원으로, 험하고 거친 일을 도맡았죠. 흑인 여성 노동자들이 몇 명 있기는 했지만 보통 사무실 청소부였어요. 1944년 말, 1945년 초가 되어서야 흑인 여성이 최초로 용접 기술을 배웠습니다."

구전 설화에서 로지는 낙관주의를 표방한다. 그녀는 영감, 독립성, 강인함, 여성 공장 노동자들 사이의 인종차별 철폐를 상징하는 얼굴이다. 물론 이는 뻔뻔한 거짓말이다.

스포트라이트
해나 개즈비

"무력화된다고 해도 당신의 인간성이 파괴되지는 않는다. 당신의 회복 탄력성이 당신의 인간성이다. 인간성을 잃는 이들은 다른 사람들을 무력화할 권리가 있다고 믿는 사람들이다. 그들은 나약하다. 굽히면서도 부러지지 않는 것, 이것이야말로 가공할 만한 힘이다."

— 해나 개즈비

2018년에 내가 가장 좋아했던 프로그램은 해나 개즈비의 스탠드업 스페셜 「나의 이야기」였다. 이 1시간짜리 프로그램을 처음 틀었을 때 나는 진지하면서도 신랄한 유머를 기대했지만, 끝날 무렵에는 그보다 훨씬 더 많은 것을 얻었다. 그것은 분노와 슬픔, 수치와 진실이 가득한 심오한 선언이었고, 젠더와 정신질환에 대한 논의였다. 그녀는 유머라는 커튼 뒤에 숨지 않았다. 그 커튼에서 한발 나와서 커튼을 찢어버렸다.

10년 이상 코미디언이자 작가로 일한 개즈비는 「나의 이야기」로 국제적인 유명인이 되었다. 이 스탠드업 코미디에는 시청자들을 편안하게 해줄 의도가 전혀 없는 날것의 분노와 진실이 담겨 있다. 비관행적 젠더이며 퀴어인 개즈비는 자신의 정체성은 삶 전체의 고난, 트라우마, 수치, 고통, 분노에 있었고 이것들이 한 개인이자 코미디언으로서의 자신을 형성해왔다고 말한다. 또한 코미디와 유머를 이용해서 자신의 경험을 이야기할 때의 잠재적인 악영향을 털어놓는다. 스스로 수치심을 내면화하고 대중의 호모포비아를 강화했으며, 그 때문에 자신의 고통은 농담으로 소비되었다고 말한다. 따라서 그녀는 있는 그대로의 솔직하고 나약한 모습을 내보이지 못했으며, 퀴어의 삶에 담긴 풍부함과 복잡성을 담아내지도 못했다.

그녀는 말한다. "자기비하적 유머로 경력을 쌓아왔지만 더 이상은 그렇게 하고 싶지 않습니다. 이미 이 세상에서 가장 취약한 사람에게서 나오는 자기비하가 무엇을 뜻하는지 아세요? 겸손이 아닙니다. 굴욕입니다. 나는 말을 하기 위해서, 말할 수 있다는 허가를 얻기 위해서 나를 계속 낮추었지만, 이제부터는 나 자신도, 나와 동일시할 사람도 비하하지 않을 겁니다. 만약 이것 때문에 나의 코미디언 경력이 끝난다면, 그러라고 하죠."

「나의 이야기」는 우리가 이미 진입했고 진입하고 있는 그 순간, 즉 소외된 사람들이 자신의 진실을 말할 창구가 미디어에서 허락되는 순간을 포착했다. 아직도 완벽과는 거리가 멀고, 완전하지 않으며 그들의 정체성을 온전히 대표하지도 못하지만, 용감하고 대담한 시작임은 분명하다.

그녀가 마지막에 관객들에게 전하려는 주제는 유대감, 공감, 배움이다. 내가 이 책에서 전달하고자 하는 주제와 같다고 할 수 있다. 아직 덜 발화된 이야기들을 하고 더 보여야 할 사람을 보여주어 스스로가 혼자가 아니라고 느끼도록 하는 것이다. 또한 마음을 열고 듣고자 하는 이들에게 다른 관점을 가르치는 것이다.

그녀의 마지막 말은 다음과 같다. "내가 했어야 할 일은 나 같은 사람들 이야기를 듣는 것이었습니다. 비난하기 위해서가 아니라요. 명성을 위해서도, 돈을 위해서도, 힘을 위해서도 아닙니다. 그저 나 혼자가 아니라고 느끼기 위해서, 유대감을 느끼기 위해서입니다. 내 이야기가 들렸으면 좋겠습니다. 우리가 보다 다양한 관점에서 보는 법을 배운다면, 최대한 많은 관점들을 이해하고자 한다면 지금보다 더 나은 세상을 꿈꿀 수 있습니다. 다양성은 힘입니다. 다름은 선생님입니다. 다름을 두려워하면 당신은 아무것도 배우지 못합니다."

189

벡델 테스트

질문

다음 영화들의 공통점은 무엇일까요?

- 「해리 포터와 죽음의 성물」 2
- 「반지의 제왕」 1, 2, 3
- 「라따뚜이」
- 「그랜드 부다페스트 호텔」
- 「아바타」
- 「인어 공주」
- 「시민 케인」
- 「소셜 네트워크」
- 「니모를 찾아서」

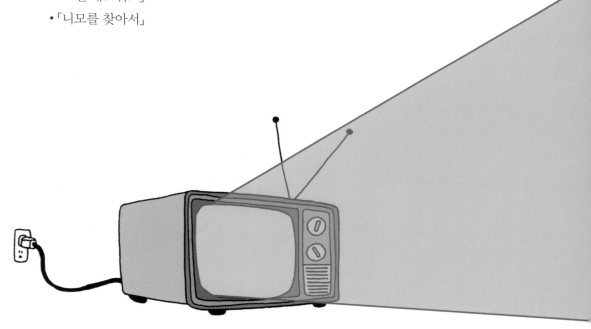

정답

제시된 영화들 중 어떤 것에도 이름이 있는 두 여성 인물이 남자(어떤 경우에는 어린 수컷 물고기)에 관한 이야기 외에 다른 대화를 나누는 장면이 없다.

벡델 테스트(혹은 벡델-월리스 테스트)는 1985년 만화가 앨리슨 벡델이 『경계해야 할 레즈비언(*Dykes to Watch Out For*)』에서 농담처럼 한 이야기에서 유래했다. 오늘날 이 단어는 영화, 비디오 게임, 텔레비전에서의 페미니즘과 여성 인물 표현을 비평할 때의 기준으로 사용된다.

당연히 모든 영화가 이 기준을 통과하지는 못한다. 특정 소재를 다루는 논픽션들도 있고 영화에서 사용하는 특정 맥락의 배경도 있을 것이다(이를테면 남자 교도소가 배경인 경우가 있다). 인물이 한 명만 등장하는 이야기도 있을 수 있다. 이 테스트는 젠더의 평등성 전체를 전부 설명할 수도 없고 비남성 인물의 깊이를 측정하지도 못한다.

bechdeltest.com의 자료에 따르면, (19세기까지 거슬러 올라가서 조사한 결과) 58퍼센트의 영화만이 이 테스트를 통과했다. 이 테스트가 완전하지 않다고 해도, 이 결과는 영화 역사에서 젠더가 훨씬 더 동등하게 제시되었어야 한다는 사실을 보여준다.

스포트라이트
프랭크 오션

프랭크 오션은 지난 10년 동안 활동한 팝 가수 중 가장 유명한 퀴어 가수라고 할 수 있다. 우수에 찬 호소력 짙은 가사와 장르의 독창적인 혼합으로 알려진 그는 비욘세, 존 레전드, 브랜디 같은 가수들의 작곡가로 활동하며 두각을 나타냈다. 2011년 즈음에는 솔로 가수로 전향하면서 첫 번째 믹스테이프인 「노스탤지어, 울트라」를 발표했다.

2012년 첫 정규 앨범인 「채널 오렌지」를 발표하기 전에 프랭크는 자신의 텀블러에 편지 형태의 글을 올려 자신이 남성과 사랑에 빠졌다는 사실을 밝혔다. 이 정직하고 담백한 글은 자신의 섹슈얼리티에 대한 유일한 공개 발표였는데, 이 글에서 그는 자신의 정체성에 어떤 이름도 붙이지 않았다.

프랭크 오션은 자신의 음악과 경력에서 퀴어라는 점을 전면으로 내세우지 않는다. 그러나 이 정체성은 그의 음악에 솔직하고 섬세하게 스며들어 있다. 그는 첫사랑과의 실연의 아픔, 복잡한 연애 감정을 감성적으로 노래한다. 오션은 프레디 머큐리나 보이 조지처럼 퀴어의 특성을 온몸으로 외치지 않는다. 다만 자신의 가사 안에서 인간은 모호한 상태여도 괜찮다고 말하고 하나의 이름으로 규정되기를 거부한다.

지금 이 순간, 당신의 젠더와 가장 잘 어울리거나 당신의 젠더를 가장 잘 설명하는 것은 무엇입니까?

젠더 표현과 젠더 정체성의 너무 많은 것들이 몸을 기반으로 한다. 이것들은 우리의 신체적 특징, 우리가 입은 옷, 화장, 어울리는 사람들, 이름, 우리가 스스로를 드러내는 방식과 관련이 깊다. 나는 사람들이 어떤 물건이 자신의 젠더를 잘 표현한다고 느끼는지 궁금했고, 설문 조사를 통해서 다음과 같은 답변을 받았다.

세쿼이아(6세)

젠더 정체성 아직 나의 젠더를 잘 모른다. 유명한 젠더 둘 다 나에게 맞는다. 남자아이와 여자아이.

지금 이 순간에 당신의 젠더와 가장 잘 어울리거나 당신의 젠더를 가장 잘 설명하는 것은 무엇인가? 소원

벤(53세)

젠더 정체성 FTM(female-to-male, 여성에서 남성이 된 사람)

지금 이 순간에 당신의 젠더와 가장 잘 어울리거나 당신의 젠더를 가장 잘 설명하는 것은 무엇인가? 턱수염 난 얼굴 사진과 태어날 때에 붙은 이름, 성별 표시 '여(F)'가 들어간 나의 캘리포니아 운전면허증

아이크(21세)

젠더 정체성 남성

지금 이 순간에 당신의 젠더와 가장 잘 어울리거나 당신의 젠더를 가장

잘 설명하는 것은 무엇인가? 내 옷장 속에 있는 "여성용" 티셔츠. 몇 달 전에 벙벙하고 노란 크롭 티셔츠를 샀다. 소매를 자르고 아랫부분을 붉은색으로 염색했다(영화 「킬빌」에 나온 노란색 자동차 같아 보이기도 한다). 이 옷은 내 옷장에 소중하게 보관되어 있다. 나는 유독 털이 부숭부숭한 남자로, 평생 동안 어떤 행동을 하거나 관계를 맺을 때에 이성애자 정체성으로 살아왔다. 그러다가 몇 년 전에 심각한 우울증에 빠졌고, 그때부터 성 정체성과 젠더를 포함한 모든 것들에 의문을 품기 시작했다. 아직도 (젠더상으로) 나를 어떻게 정체화해야 할지는 모르겠으나 고정된 남성성을 깨기 위해서 평소에 입지 않은 옷들을 입으려고 시도하고 있다. 그러나 내 옷장 안에 고이 모셔놓은 이 노란색 크롭 티셔츠를 입을 용기는 아직 나지 않는다.

알리슨(32세)
젠더 정체성 시스젠더 여성이자 비관행적 젠더
지금 이 순간에 당신의 젠더와 가장 잘 어울리거나 당신의 젠더를 가장 잘 설명하는 것은 무엇인가? 내 젠더는 나의 로드 자전거, 손잡이가 낮은 남색 자이언트 펠로톤이다. 나에게는 장애가 있고, 더 편하게 살고 싶은 마음에 자전거를 타게 되었다. 자전거를 타면 시시각각으로 고통을 주는 무거운 몸을 지고 걷거나, 혹은 여기에 물건까지 들어야 할 때보다 훨씬 편안하고 자유롭다. 어찌 보면 자전거는 휠체어 같은 기능도 한다. 나는 퀴어이고 심각한 만성 통증을 앓고 있다! 또한 자전거는 나의 양성성을 키워주기도 한다. 자전거를 타면 외모가 보이지 않고, 그저 자전거를 타는 사람처럼 보이지 않는가(특히 편안하고 섹시한 내 스판덱스 의상을 입으면 말이다). 나는 내가 자전거 탈 때의 별 특징 없고 중성적인 모습이 참 마음에 든다.

익명(21세)

젠더 정체성 남성

지금 이 순간에 당신의 젠더와 가장 잘 어울리거나 당신의 젠더를 가장 잘 설명하는 것은 무엇인가? 나의 청재킷! 엄마가 1990년대에 입던 옷인데, 고등학생 때에 물려받았다. 옷핀과 패치로 장식도 한, 내가 가장 아끼는 옷이다. 그래서 이 옷을 준 엄마에게 고맙다. 사실 내 인생이 힘들 때마다 엄마 탓을 많이 했다. 내가 게이 트랜스 남성이라고 커밍아웃했을 때에 엄마가 화부터 냈기 때문이기도 하다. 그럼에도 나는 이 재킷을 엄마가 나를 사랑한다는 증거로 여기고, 이 사랑이 엄마가 나를 받아들이는 과정에서 커지기를 희망한다. 기본적으로 이 재킷은 내 인생, 내 정체성, 내 미래를 형성하는 데 가장 중요한 요소들, 즉 엄마, 내가 속한 공동체, 그 공동체의 역사, 그리고 나를 상징한다. 그렇게 나도 이 재킷을 나름대로 장식해서 나만의 것으로 만들었으니까. 이 재킷은 이제……나처럼 느껴진다. 나의 젠더인 게이/트랜스/라틴계 자아가 (스타일리시하고 유행도 타지 않는) 옷 한 벌에 담겨 있는 것만 같다.

애런(18세)

젠더 정체성 트랜스 남성

지금 이 순간에 당신의 젠더와 가장 잘 어울리거나 당신의 젠더를 가장 잘 설명하는 것은 무엇인가? 지금 이 순간 나의 젠더는 길고 긴 운전 같고, 나는 차 안에 갇혀 있는 상태 같다. 물론 바깥 경치는 충분히 아름답고, 이 여행이 싫거나 괴로운 것은 아니다. 그러나 이 차 안에 너무 오래 있어서 더 이상 좋아하기가 어렵다. 내 옷은 장기 여행에 적합하지 않고, 나는 허리도 아프다. 다음 목적지까지는 앞으로 약 120킬로미터가 남았다고 하는데 밤이 오기 전에 도착하지 못할 것 같은 기분이다.

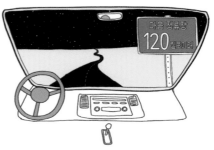

빅토리아(30세)

젠더 정체성 팜므

지금 이 순간에 당신의 젠더와 가장 잘 어울리거나 당신의 젠더를 가장 잘 설명하는 것은 무엇인가? 부모가 된 후로 거의 매일 두건을 쓰고 있다. 출산은 내 몸을 바꾸었고 어떤 면에서는 망가뜨렸다. 몸에 맞는 옷이 매일 달라진다. 이 망가진 몸과 기분장애를 안고 복합적인 장애가 있는 아이를 병원에 데리고 갔다 오면 머리는 산발이 되어 있다. 이 단순한 두건은 어떤 옷에도 어울리며, 내가 퀴어이면서 팜므이면서 강인한 사람이라고 느끼도록 한다. 내 존재가 세상에 드러나는 데에도 한몫을 할지 모른다.

제이드(20세)

젠더 정체성 논 바이너리 트랜스 보이

지금 이 순간에 당신의 젠더와 가장 잘 어울리거나 당신의 젠더를 가장 잘 설명하는 것은 무엇인가? 할머니가 주신 작은 클립온 장미 귀걸이. 나를 트랜스로 정체화한 후에 스스로를 좀더 남자다운 모습으로 표현하면서 확신이 생기고 평온해졌다. 그럼에도 아직 전통적으로 "여성스러운" 물건에 애착이 있는데, 이 귀걸이가 그렇다. 할머니는 굉장히 특별하셨던 분으로, 영혼 자체에는 모순이 없으며 계속 스스로 조화를 이루어가는 것이라고 말씀하셨다. 이 귀걸이를 걸면 할머니가 생전에 보여주셨던 한결같은 관심과 사랑이 떠오르고, 특히 짧은 머리에 남자 옷을 입고 이 귀걸이를 할 때에는 내가 100퍼센트의 나, 장난끼 많은 퀴어인 나로 느껴진다. 할머니가 내 정체성을 완전히 이해하지는 못하셨지만, 분명 내가 나 자신으로 행복해지는 법을 배워가는 모습을 보셨다면 좋아하셨을 것이라고 믿는다. 이 여행이 힘들기는 하지만 할머니가 아직 내 곁에 계시기 때문에 잘 견뎌야겠다고 생각한다.

AC(11세)

젠더 정체성 논 바이너리/무성애자

지금 이 순간에 당신의 젠더와 가장 잘 어울리거나 당신의 젠더를 가장 잘 설명하는 것은 무엇인가? 이어폰이나 헤드폰을 꽂고 싶다. 음악은 효과가 가장 강력한 대응 기제이다. 불쾌감을 느끼거나 슬플 때에 음악을 들으면 모든 게 다 괜찮다는 생각이 든다.

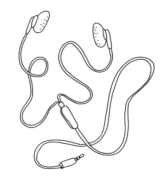

케이시(17세)

젠더 정체성 논 바이너리

지금 이 순간에 당신의 젠더와 가장 잘 어울리거나 당신의 젠더를 가장 잘 설명하는 것은 무엇인가? 내 머리카락. 언제나 부모님이나 조부모님이 내 머리 모양을 정해주고는 했다. 그러다가 어느 날 삭발을 하고 그 머리카락을 소아암 환자를 위한 자선단체 세인트 볼드릭스에 기증했다. 그 경험 자체도 소중했지만 그때부터 내 머리 모양은 얼마든지 내 마음대로 해도 되겠다는 생각이 들었다. 머리카락 기증은 내 외모의 주인이 나라는 생각을 하게 된 최초의 사건이었고 아직까지도 내 정체성의 일부이다.

로위나(25세)

젠더 정체성 여성

지금 이 순간에 당신의 젠더와 가장 잘 어울리거나 당신의 젠더를 가장 잘 설명하는 것은 무엇인가? 내가 여자답다고 느끼게 해주는 물건들이 나를 강하고 아름답다고 느끼게 만든다. 삭발을 하자 정확히 그런 느낌이 찾아왔다. 물론 많은 여성들이(남성이나 논 바이너리 사람들도) 길고 풍성한 머리카락을 미의 원천처럼 생각한다는 것을 알고 있다. 나는 삭발을 했을 때에 스스로가 능력이 있고 성격도 좋으며 섹시하고 여자다운 사람이라고 느꼈다. 나는 언제나 삭발을 한 여성들이 매혹적이고 신비롭다고 생각했다. 관습적인 미의 기준을 뒤집는 사람만큼 흥미로운 사람은 없다. 삭발을 한 머리는 나의 젠더 정체성에 안성맞춤이라고 생각한다.

빌(3세)

젠더 정체성 기사

지금 이 순간에 당신의 젠더와 가장 잘 어울리거나 당신의 젠더를 가장 잘 설명하는 것은 무엇인가? 기사를 택한 이유는 제가 말을 탄 기사가 되고 싶기 때문입니다. 나는 용감하고 힘도 셉니다. 하지만 당근은 먹기 싫어요.

만디(32세)

젠더 정체성 팜므 톰보이

지금 이 순간에 당신의 젠더와 가장 잘 어울리거나 당신의 젠더를 가장 잘 설명하는 것은 무엇인가? 야구 모자. 열세 살 때, 가장 친한 친구이자 첫사랑이 쓰던 모자를 슬쩍했다. 10대 때 몇 년간 톰보이로 지냈는데, 항상 이 모자를 쓰고 배기 바지와 빅사이즈 티셔츠, XL 사이즈의 후드 재킷을 입었다. 젠더 관습에서 벗어난 내가 자랑스러웠다. 열한 살 때까지 사각 팬티를 입었고, 화장을 하거나 탱크탑을 입는 것은 상상도 하지 못했다. 가장 좋아한 주말의 여가 생활은 기계공인 아버지와 고물상에 가는 것이었다. 20년 후 나는 꼭 조이는 청바지와 몸에 꼭 맞는 티셔츠를 좋아하는 사람이 되었다(여전히 화장은 불편해서 하지 않지만). 지난 8개월 동안 내 안의 톰보이를 되살리고 싶은 욕구를 강하게 느꼈다. 그래서 새로운 야구 모자를 사려고 한다. 물론 10대에 즐겨 썼던 모자는 아직 간직하고 있다. 이 모자는 내 진정한 모습을 상징한다. 창의적이고 호기심 많고 아직도 계속 자라고 변화하는 사람.

켈리(36세)

젠더 정체성 여성

지금 이 순간에 당신의 젠더와 가장 잘 어울리거나 당신의 젠더를 가장 잘 설명하는 것은 무엇인가? 나의 너덜너덜한 (모양이 뒤틀린) 수유 브래지어. (며칠 후면 두 살인) 아들을 가지기 전에 몇 년 동안 임신이 되지 않아 힘들었다. 무려 23개월 만에 아이가 젖을 끊으니 자유를 되찾은 기분에 날아갈 것 같으면서도 내 몸의 이 부분은 이제 완전히 다른 기능을 가지게 되었다는 느낌이 든다. 아이가 젖을 떼면서 두 번째 유산을 겪었다. 나는 내 인생에 정점에 있고 내가 또다른 생명을 품는 것보다 내 자유를 사랑하는지 조심스럽게 생각하기도 한다. 나는 여성이고 엄마이지만, 유산과 불임에 어마어마한 슬픔을 느끼는 사람이기도 하다.

마코(17세)

젠더 정체성 논 바이너리

지금 이 순간에 당신의 젠더와 가장 잘 어울리거나 당신의 젠더를 가장 잘 설명하는 것은 무엇인가? 오버 사이즈 스웨터를 골랐다. 입으면 편하기도 하고, 벙벙하기 때문에 내 체형으로 내가 정의되지 않을 수 있다.

린지(21세)

젠더 정체성 무성애자

지금 이 순간에 당신의 젠더와 가장 잘 어울리거나 당신의 젠더를 가장 잘 설명하는 것은 무엇인가? 나의 젠더는 박물관이나 실험실에 있는, 정체를 알 수 없는 배아이다. 대부분의 배아는 처음에는 똑같이 보인다. 이후에 어류나 포유류, 파충류, 조류 등 진화된 형태의 생명체가 될 수 있지만 배아 상태에서는 모양이 거의 흡사하다. 특정한 장기가 발달하면서 차별화가 일어나고, 이를테면 왈라비나 매, 돌고래로 성장하는 것이다. 내 젠더는 에탄올 병에 담겨 진열장에 놓여 있는 배아이다. 성장하지도 않고 변하지도 않고 발전하지도 않는다. 앞으로도 영원히 마찬가지일 것이다. 물론 나는 이 세상에 왈라비와 매, 돌고래가 있다는 사실에 감사한다.

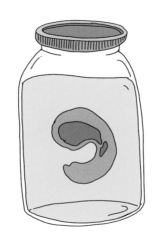

월(30세)

젠더 정체성 트랜스 남성, 트랜스 매스큘린이면서 트랜스 팜므인데 수염을 기르고 치마를 입는다. 논 바이너리인 것만은 확실하다.

지금 이 순간에 당신의 젠더와 가장 잘 어울리거나 당신의 젠더를 가장 잘 설명하는 것은 무엇인가? 털이 많은 내 가슴. 테스토스테론 치료를 받았으나 유방 제거 수술을 받지 않은 사람이 자신을 드러내는 경우는 많지 않다. 나는 나의 가슴 털이 좋다. 언젠가 이 가슴으로 내 아기에게 젖도 먹이고 싶다. 아기들이 빨기에는 이상하고 징그러울 거라고 생각했지만 그 생각도 버렸다. 지금은 이 가슴을 사랑한다. 괴상하고 엉뚱하게 느껴지기도 하지만 그만큼 나답기도 하다.

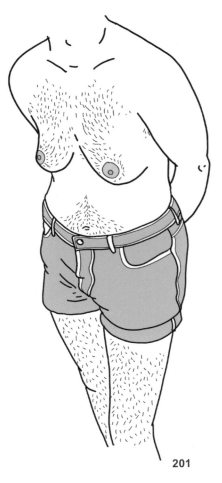

캐시(30세)

젠더 정체성 자신감 있고 비밀스럽고 빛이 나는 보이밴드(비관행적 젠더/젠더퀴어)

지금 이 순간에 당신의 젠더와 가장 잘 어울리거나 당신의 젠더를 가장 잘 설명하는 것은 무엇인가? 지금 이 순간, 나의 젠더를 한 이미지에 담아보려고 한다. 그 이미지에서는 절친한 친구인 조너선 밴 네스와 탠 프랜스가 말을 타고 언덕에 올라 포플러 나무들이 가득한 산등성이를 내려다보면서 「여전사 지나」에 대해서 이야기하고 있다.

우리는 그저 하나의 범주가 아니다

이 책의 많은 부분은 용어를 정의하고 정체성을 설명하는 데에 할애되었고, 이 과정에서 사람들을 젠더, 섹슈얼리티, 정체성에 따라서 소집단으로 분류했다. 이러한 언어를 가지는 것은 개념을 설명하거나 일반 사람들에게 익숙하지 않은 경험을 소개하고, 그 경험을 공유하는 사람들과 연대를 하기 위해서 꼭 필요한 일이다. 그러나 가끔은 수많은 하위 범주가 서로 대척하는 두 가지 범주로만 나뉘는 것처럼 느껴지기도 한다.

젠더와 섹슈얼리티에 관련해서 셀 수 없이 많은 정체성과 용어 이야기를 하면서도 우리는 어떤 정체성도 그 정체성으로 영원히 머물러야 한다는 뜻이 아님을 기억해야 한다. 그 이름을 정의하는 불문율을 반드시 지켜야 하는 것도 아니다. 우리는 결국 모두가 고유하고 독특한 개인이고, 한두 가지 분류로 정의될 수 없다.

항상 유연한 태도와 열린 마음으로 우리 자신과 다른 사람의 내적, 외적 변화를 허락하자. 모든 단계에서의 모든 변화가 유효하다.

우리 모두가 변신의 귀재들이니까.

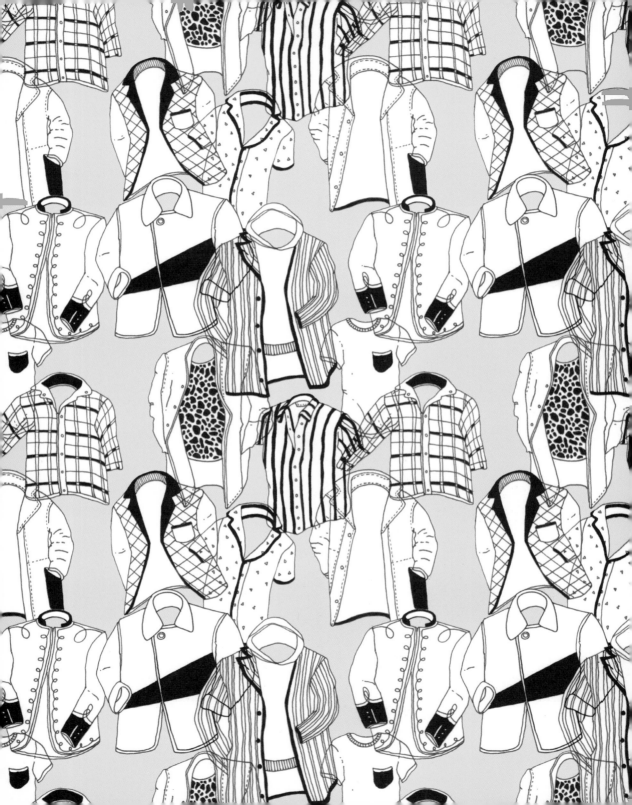

나의 이야기

해리 스타일스가
나를 소년으로 만들었다

해리 스타일스는 나의 젠더, 섹슈얼리티, 패션의 개념을 완전히 탈바꿈시킨 사람이다.

2017년에 나는 취미 삼아서 벽지나 원단의 패턴을 만들고는 했는데, 정말 하고 싶은 것은 패턴이 화려한 남성복의 디자인이었다. 참고가 될 만한 이미지들을 검색하다가 그리고 싶은 옷들이 모두 모인 옷장의 성배를 만났다. 바로 보이밴드 원 디렉션의 멤버, 해리 스타일스의 옷장이었다. 사실 나는 백스트리트 보이스 세대라서 원 디렉션과 해리 스타일스를 잘 알지 못했다. 그러나 한쪽 어깨로 늘어뜨린 긴 머리와 이색적이고 대담한 버튼업 셔츠(사실 거의 단추를 풀고 있었지만), 광택이 나는 꽃무늬 양복은 탐이 날 정도로 아름다웠고, 나는 그의 당당하고 자유로운 젠더 표현에 단숨에 매료되었다(평소에도 예쁜 남자를 향한 애정이 있는 편이라서 반하는 것이 어렵지는 않았다). 그의 스타일에는 퀴어적인 요소들이 있었고 나의 패션과는 차원이 달랐지만, 그것은 궁극적으로 나의 젠더에 절대적인 영향을 미치게 되었다.

해리를 발견한 시기에 나는 내 젠더를 한 조각의 이끼처럼 생각하고 있었다. 몸통을 가지고 싶다는 열망 없이 그저 바위 끝에 매달려서 끝없이 펼쳐진 울창한 숲과 나무를 바라보는 존재라고나 할까. 별로 눈에 띄지도 않았고 그것이 중요하지도 않았다(내 자존감이 너무 높아서 그렇다고 말하고 싶지는 않다). 그러나 나는 아쉽게도 이끼가 아닌 인간이었고, 다소 냉소적인 태도로 나를 여성으로 정체화하고 있었다. 5년 동안 퀴어로 살면서 어떤 외적 젠더 표현이 나의 내적 젠더 정체성과 일치하는지를 천천히 알아가고 있었으나, 당시에는 젠더 정체성과 젠더 표현 모두 모호하기만 했다. 몇 년 동안은 비교적 젠더 중립적인 옷을 입거나 남성적인 옷을 입었지만 가끔은 여성스러운 옷을 사거나 액세서리도 하면서 나의 젠더 스펙트럼의 여러 면을 탐험하기도 했다. 그러나 여성성에 대한 이 시도들은 매우 짧게 끝났고 실패로 돌아갔다. 우웩.

내 정신과 신체가 일치하지 않는다는 불쾌감은 오랫동안 강하게 느끼고 있었으나 그 불쾌감이 나의 젠더나 섹슈얼리티와 연관되어 있다고는 인식하지 못했다. 해리 스타일스에게 처음 반했던 시절에는 내 가슴을 가리기 위해서 오버 사이즈 셔츠를 입었고, 일부분을 탈색한 멀릿 스타일*의 머리를 모자로 가리고는 했다(아무 생각 없이 짧은 머리와 긴 머리, 금발 머리와 갈색 머리를 동시에 시도해보기도 했다). 엉덩이를 감추기 위해서는 추레하고 벙벙한 반바지를 주로 입었다. 광택이 나는 꽃무늬 양복과는 하늘과 땅만큼 다른 패션이었다.

나는 소년다운 소년의 몸으로 자유롭게 패션의 세계를 탐험하는 해리 스타일스를 보며 대리 만족에 빠졌다. 그리고 그의 모습에 집착하면서 이런 생각이 퍼뜩 떠올랐다. 어쩌면 나도……소년이 아닐까? (이른바 깨달음의 순간이었다.) 이미 내가 가지고 있던 젠더 퀴어라는 버전에서 몇 개의 단계를 훌쩍 뛰어넘는 일대 사건은 아니었으나 내 자신을 소년이라고 보는 것은 완전히 다른 정신세계를 요했다(당시에는 샤키라의 "여자—늑대 [she-wolf]"에서 영감을 받아 나를 '여자 소년 [she-boy]'이라고 말하고는 했다). 그 단어를 보는 순간, 나의 신체와 나의 정체성이 정확하게 일치되는 것 같다고 느꼈다.

---

* 앞은 짧고 뒤는 긴 머리

패션에서 비롯된 이 짝사랑은 내가 깨어 있을 때는 물론이고 꿈에서도 나를 찾아왔다. 나는 그에게 편지를 쓰겠다고 마음먹었다. 그가 나의 실존적 위기에 얼마나 긍정적인 (그리고 혼란스러운) 영향을 주었는지를 설명하고 싶었다. 당시 나는 한 달 동안 부모님 댁에서 살고 있었는데, 그곳은 내가 살던 곳과 3시간의 시차가 있었고 매우 더웠으며 손님용 침대는 내가 생각했던 것보다 훨씬 불편했다. 며칠 밤이나 잠을 이루지 못한 나는 곧 잠을 포기하고 한밤중에 일어나서 몇 시간 동안 편지를 어떻게 써야 할지 궁리했다. 닿을 수 없는 유명인에게 보내는 팬레터로 시작했던 그 글은 나의 일기, 나 자신과의 대화가 되었고 결국 젠더에 대한 이 부러움은 감정적, 정신적 반전과 변화라는 결과를 낳았다.

나의 욕망과 젠더가 나의 섹슈얼리티와 극단적으로 혼란스러운 방식으로 충돌할 수 있을 것이라고는 전혀 생각하지 못했다. 그간 나는 나 자신을 무성애자로 정의했다. 이것은 여러 사람에게 여러 가지 의미로 다가갈 수 있고, 이 세상의 모든 섹슈얼리티처럼 이 안에도 수없이 다양한 변주들이 존재하며 시간이 지나면서 변할 수도 있다. 이 용어로 상당히 오랫동안 내 상태를 묘사했지만, 그럼에도 나는 이것이야말로 슈퍼파워라는 느낌과 그저 내가 고장 나거나 결함이 있는 사람일 뿐이라는 생각의 양극단을 오갔다. 사람들이 나를 알아가기도 전에 나와 사귀는 데에 관심이 없을까봐 두려웠다. 사람들은 이 정체성을 듣자마자 여러 짐작들을 할 것이고, "굳이 왜 저 사람하고 사귀어"라고 생각할 수도 있다. 당신의 몸과 좋은 관계를 유지하지 못하고, 사실상 불화하고 있을 때에는 당신의 몸과 맞는 젠더 정체성을 결정하는 것이 적잖이 어려운 일이 된다. 나는 왜 내가 혼란스러운지 정확히 알 수 없었다. (감정적으로나 육체적으로나) 누군가와 함께 있고 싶다는 욕망 때문일까? 내가 어떤 사람처럼 되고 싶어서일까? 어떤 사람들이 나를 좋아해줬으면 하는 것일까? 어느 날은 이 세 가지 모두에 해당되는 것처럼 보이기도 했다.

사실 한동안 상체 수술(양쪽 유방 절제술)에 골몰했다. 이미 소년 같은 몸이지만, 수술을 하면 내 자신이 더 편안하게 느껴질 것 같았기 때문이다. 그러면서도 두렵고 궁금했다. 내 몸을 내가 바라는 누군가의 젠더 정체성을 반영하도록 바꾸면 그들(이론적으로 더 많은 인구)에게 덜 매력적인 사람이 되지 않

을까. 나는 여성이나 논 바이너리들과만 데이트를 해왔기 때문에 소년을 짝사랑하는 것은 미지의 영역이었다. 내가 만약 반은 '여자 몸'이고 반은 '남자 몸'인 퀴어 여자 소년이라면 이성애자 소년들은 나의 소년의 몸에 매력을 느낄까? 게이 소년들이 내 여성의 몸에 매력을 느낄까? 내가 무성애자라는 사실이 이 모든 것을 쓸데없고 공허한 것으로 만들까?

객관적으로 말하면 가장 중요한 것은 무엇이 당신의 몸에 가장 편안한가이다. 그러나 개인적으로는 내가 29년 동안 살아온 몸에 영구적인 변화를 가한다는 생각이 매우 두려웠다. 특히 나의 몸의 경험을 더욱 고립되게 만들 수 있는 변화라고 생각하면 더욱 그랬다. 나는 (비록 불편하지만) 쉽게 정체화가 가능한 몸에서 여러 가지가 융합된 몸으로 변할 것이었다. 의학적인 관점에서도 두려운 일이었지만, 내가 키메라가 될지도 모른다는 두려움이 있었다. 프랑켄슈타인의 괴물이 되는 것인가.

이 시기에 해리 스타일스는 여전히 나의 무의식 세계에 자주 출몰했다. 그렇다. 나도 안다. 민망하다. 그러나 자고 있는 두뇌는 자기가 원하는 일을 한다. 내 잘못이 아니다. 내

가 깨어 있을 때 그가 상징적으로 던지는 질문과 내 꿈에서의 그의 존재에는 비슷한 점이 많았다. 나의 무의식적인 자아 또한 내가 편지를 쓰면서 골똘히 생각한 질문과 같은 것과 씨름 중이었다. 꿈속에서 나는 그를 대하며 나의 퀴어스러움, 나의 섹슈얼리티, 내 몸을 늘 부끄러워했다. 우리는 함께 좋은 시간을 보내고 웃고 이야기했지만 그에게는 내가 연애 상대로 보이지 않을 것이라고 생각했다. 나는 너무 퀴어스럽고 너무 양성적인

데다가 너무 혼란스럽고 그 망할 멀릿 머리 모양은 너무 흉했기 때문이다(정말 정말 그랬다). 우리는 한 침대에서 아무 일 없이 잤고, 아침이 되면 나는 그에게 작은 오렌지주스 두 병과 커다란 그릇에 담긴 치토스를 대접했다. 내 사견으로, 이 정도면 그가 나에게 넘어오기에 충분했다.

어떤 날은 슬픈 꿈도 꾸었다. 그에게 내가 깨어 있을 때 몇 주일 동안 작업한, 내 마음을

다 보여준 편지와 아름다운 그림 한 뭉치를 건넸다. 이 선물이 너무나 자랑스러웠고, 나의 핵심적인 자아를 완벽하게 반영한다고 생각했다. 나는 부드럽지만 단호하고, 내 손으로 만든 작은 것들을 주는 사람이며, 전반적으로 무뚝뚝하지만 예상 밖의 로맨틱한 행동을 하는 사람이기도 하다. 그날 밤 내가 준비한 선물을 주려고 하자 그는 자신이 이성애자이며, 관습적으로 여성적이며 고혹적인 여인과 첫 데이트를 할 계획이라고 하면서 이렇게 말했다. "내가 만약 오늘밤에 그녀와 사랑에 빠진다고 해도 이거 가져도 돼?" 정직한 대답은 "아니"였다. 그 순간 그는 언제라도 내가 거절당할지 모른다는 두려움을 확실하게, 그리고 슬프게 만족시켜주었다. 내가 속하지 못하는 젠더 관습 안에서 전형적으로 매력적인 여성과 데이트를 한다는 것은 우리 관계가 아무리 흥미진진하다고 해도 나의 교차되는 정체성이 그 자체로 이별의 이유가 된다는 것을 증명하기에 충분했다.

나는 이 기이한 과정을 통해서 어떤 사람의 젠더를 재현하는 것이 그 사람이 가진 정체성의 다른 요소들을 자동적으로 드러내지 않음을 배웠다. 나의 수많은 이름표들(무성애자＋젠더퀴어＋예쁜 소년을 사랑하는 사람＋트랜스 퀘스처닝＋깊은 불안에 시달리는 사람)은 그다지 큰 자신감을 생성하지 못한다. 따라서 이름표에는 한계가 있으며, 불안은 복잡하고 방대할 수 있다는 사실을 깨닫는다. 모든 것들이 개인의 성격과 복잡하게 얽히기 때문에 등식은 그리 중요하지 않다. 내 욕망을 반영하기 위해서 해리의 젠더를 지레짐작한 것도 옳지 않다. 그가 소년처럼 생겼다고 해서 그가 자신을 소년으로 정체화한다는 의미가 되지는 않는다. 그는 소년 같은 사람일 수도 있고 아닐 수도 있다. 그가(혹은 어떤 사람이든) 나를 복잡한 사람이라며 거부할지도 모른다는 두려움은 곧 내가 입는 옷 때문에 나를 두려워하리라는 가정에 기반을 두고 있기 때문에 위험하고 부정확하다.

이 과정 덕분에 이제 나는 다른 사람이 되었다. 나는 현재 더 나은, 더 자신 있는 장소에 있다(적어도 그러려고 노력한다). 나는 이제 상체 수술을 받았고, 훨씬 세련된 커트 머리를 하고 있지만 이 시기에 유발된 두려움과 혼란은 여전히 나의 일부이다. 내 섹슈얼리티는 여전히 혼란스럽고, 나는 내 주변의 소년들을 계속 쳐다본다. 그들의 신체와 날렵한 턱선을 갈망하며 앞으로도 내 몸 안에서 사는 법을 완전히 이해하는 느낌을 가질 수 있을지 확신하지 못한다. 다만 해리 스타일스가 내가 멋지다고 생각하기를 바란다. 그의 옷장을 그리도록 허락해주기를 바라고, 가슴이 없는 나와 데이트해주기를 바란다. 그러나 그때까지는 그에게 아주 많이 감사한다고만 전하려고 한다.

해리, 이렇게 부담스러운 첫 소개를 해서 미안해요. 하지만 내가 당신에게는 드릴 수 없었던 아름다운 선물 안의 편지가 여기 있습니다.

안녕하세요. 제 이름은 아이리스예요. 만나서 반갑습니다. 해리.

몸을 젠더화하지 않고 성적 대상으로 만들지 않기

식이장애

나는 2006년부터 거식증을 앓았고 앞으로도 어느 정도까지는 이 증상을 가지고 있을 것이다. 병의 경중은 시기에 따라서 변했다. 그저 채식주의자이기도 했다가, 학교를 떠나라는 권고를 받기도 했고, 입원 치료를 받기도 했으며, 지금은 스트레스를 받으면 잘 먹지 않는 시기를 보내고 있다. 가장 심각했던 시기에서 10년이 흘렀고 지금은 비교적 건강한 생활을 하고 있지만, 내 몸은 그 식이장애에 계속 영향을 받고 있으며, 나 또한 내 과거를 종종 떠올린다. 지금은 내 몸 안에서 이 사회의 젠더, 섹슈얼리티, 여성성, 인종, 계급, 정신 질환이 갈등할 수 있음을 안다.

우리의 몸과 젠더는 불가분의 관계로 얽혀 있으며 사람들이 우리의 몸을 읽는 방식은 그들이 우리의 젠더를 어떻게 보는지를 알려준다. 몸에 대한 우리의 이해와 젠더 이분법을 완전히 떼어놓기란 너무나 어렵다. 우리가 어떤 신체적 특성들을 여자답거나 남자답다고 규정하기 때문이다.

나의 거식증은 10대 시절에 몸이 성장하면서 생겼다. 나는 친구들보다 빨리 가슴이 커졌고 월경도 빨리 했다. 너무나도 싫었다. 성인 여성의 몸을 가지고 싶지 않았다. 아마 다른 많은 중학생들도 공감할 수 있는 감정일 것이다. 성적인 느낌으로 변하는 몸이 점점 불편해질 때에 서서히 이 병이 찾아왔다. 열일곱 살이 되자 나는 신체적, 정신적 성장을 멈추게 해버렸다. 6년 동안 생리가 끊겼다. 초기 골다공증 증상이 있었으며, 허기를 느끼지 않았고, 사람들과의 관계를 극도로 제한했다. 최악의 시기에는 누가 보더라도 심각하게 아파 보인다는 사실이 수치스러웠지만 (키 174센티미터에 몸무게 41킬로그램이었다), 그래도 성적인 대상으로 보이지 않고 젠더가 드러나지 않는다는 사실에는 만족했다. 내면 깊은 곳에서 열여섯 살의 나는 내 젠더의 무엇인가를 앞으로도 오랫동안 온전히 받아들이지 못할 것이라는 사실을 알고 있었다.

이제는 또다시 그 증상이 시작되려고 할 때 전보다 신경을 쓴다. 물론 의식적으로 선택하는 일은 아니지만(아무도 식이장애를 선택하지는 않는다), 내가 깍지콩처럼 되면(아주 마르면) 내게 더 적합한 젠더에 더 가까워진다는 사실을 인지한다. 굴곡이 별로 없는 호리호리한 몸매가 되면서, 젠더퀴어로 살아가면서 느끼는 몸에 대한 불편함을 어느 정도 견딜 수 있었다. 나는 젠더 발현과 관련된 비만 혐오를 경험하지는 않았다는 점에서 다분히 특권을 누리면서 이 경험을 한 셈이다. 마르면 덜 여성적으로 느껴졌고 그 이상의 의도는 없었다. 출생 시 생물학적 성별이 여성인 사람들은 날씬함을 공격적으로 마케팅하고, 날씬해지는 것이야말로 여성성의 이상적인 기준을 달성하는 것처럼 바라보기도 하지만 말이다.

나는 너무나 부끄러웠고 혼란스러웠던 내 병의 어떤 면들을 소화하면서 이해하는 데까지 나아갔다. 말랐다는 것은 얼굴이 각졌다는 의미가 된다. 이것은 달라 보이고 싶다는 내 욕망을 자극하는 첫 번째 특징이다. 그 시점에는 깍지콩처럼 마르지 않았지만 턱에는 각이 져 있었다. 나는 나만의 "소년"을 구현하는 방향으로 가고 있다. 각진 턱은 아직도 나에게 남성적인 특성이고, 나는 이런 얼굴에 매혹된다.

아직도 내 십대 후반과 이십대 초반을 송두리째 빼앗아간 거식증에 대해서는 화가 난다. 그럼에도 내가 위험하다고 느껴지는 것들 앞에서 그 정도로 강한 자기보호의 시스템을 발전시켜 나갔다는 점에서는 감사하기도 하다. 나는 성적인 대상이 되고 여성스러워지고 파티에 가고 사회적인 관습을 따르기를 거부했다. 나는 세상을 우회하는 바람에 많은 것을 잃었다. 그러나 그 시기에 나는 자기를 인식하고 청소년기라는 압력솥 바깥에서 존재하는 독특한 경험을 했다.

수술의 여정
살아 있는 몸을 애도하기

2018년 5월 1일

유방 절제 수술 날짜를 3주일 후로 잡았다.

이 글을 쓰는 지금 이 시점에 나는 이 몸으로 29년을 살아왔다. 이 몸이 나의 젠더를 전달하는 방식이 불편했지만, 수술이라는 과정을 통해서 이 몸을 영구적으로 바꾼다는 사실에 대해서는 애도를 하게 될 것이다. 자신의 젠더 불쾌감을 수정하는 과정에서 겪는 슬픔에 대해서 누군가 말해주었으면 좋겠다. 자아의 상실이라는 슬픔과 그 상실을 통해서 더 진실한 자아로 향하는 기쁨을 동시에 경험한다는 것이 어떻게 가능한지 듣고 싶다.

슬픈 것은 괜찮다. 그리고 슬프다고 해서 나의 선택이 잘못된 선택이라고 단정할 수는 없다.

그동안 말 그대로 나에게 착 달라붙어 있었던 어떤 것, 나의 신체적이고 감정적인 일부와 작별을 해야 할 때 내가 느끼는 아픔을 낱낱이 분석하는 것은 어려운 일이다. 내 몸의 무엇인가는 그 자체로 만들어졌다. 그것은 너무나 오랜 기간 동안 너무나 많은 갈등과 고통을 대표하기도 했다. 이것은 내 과거의 젠더에 작별 인사를 하는 결정이다.

나는 객관적으로는 아름다움의 표시라고 하는 무엇인가를 자발적으로 제거하고, 내 결정하에 몸에 눈에 보이는 흉터를 만들려고 하고 있다. 일반적인 미와 낙인의 기준을 바꾸려고 하니 무섭기도 하고, 내 안의 호모포비아가 아우성을 치기도 한다. 물론 나는 앞으로도 사람들에게 사랑받을 것이다. 내 주변에는 고작 지방세포따위는 개의치 않는 이들이 있다. 또한 다른 사람들이 나 같은 사람들을 사랑할 수 있도록 내가 영향을 줄지도 모른다. 그러나 나의 감정적인 자아에게도 그럴 수 있다고 설득해야 한다. 자신감을 가지기 위해서 내 몸을 바꾸는데 그것이 또 다른 자의식을 낳는다는 것은 상당히 역설적이기도 하다.

내가 이 일을 감행할 용기와 능력이 있고 안전하다는 사실에 감사하지만, 한편으로는 내가 이렇게 감사해야 한다는 사실에 화가 난다. 내가 화내지 않고 티셔츠를 입기 위해서 수술까지 해야 한다는 사실에도 화가 난다. 수술의 정당성을 인정받기 위해서 내가 "충분히 트랜스적"이라는 사실을 정부에 증명해야 하고 그만큼 감정적인 고통을 느껴야 한다는 사실에 화가 난다. 내 안전을 걱정해야 하고 이 몸 때문에 미래에 병원 치료를 받을 수 있을지 걱정하는 것도 화가 난다. 미국의 현재 대통령이 질병통제예방센터가 사용하는 "트랜스젠더"라는 단어를 금지했기 때문에 화가 난다.

나는 화가 나도, 무서워도, 자신의 일부에 안녕을 고해야 하기 때문에 슬퍼해도 괜찮다고 사람들에게 말하고 싶다. 그리고 여전히 이 일이 해야 할 일임을 안다.

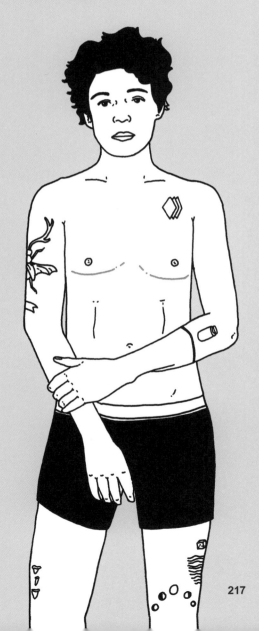

수술의 여정 : 둘째 주

의식

2018년 6월 3일

지난 2주일 동안 그리 자신감으로 무장하지 못했다. 피곤했고 추레했으며 온몸이 쑤시고 무거웠다. 그러나 어젯밤에는 내 파트너가 부엌 싱크대에서 내 머리를 잡고, 내 친구가 더럽고 꼬질꼬질한 내 머리에 샴푸 거품을 내고 뜨거운 물을 부었다. 수술하고 처음으로 머리를 감았다. 마치 세례를 받고 새로운 나로 다시 태어나는 기분이었다. 걱정과 의심을 씻어 보내는 기분이었다. 머리를 감고 나서 셔츠를 입은 다음 마침내, 처음으로 이것이 옳은 결정이었음을 알았다. 물론 복합적인 감정은 여전히 존재한다.

218

수술의 여정 : 셋째 주
첫 번째 피부

2018년 6월 11일

수술을 받은 후 병원에 갈 때나 누군가 내 가슴을 만져야 할 때에 거의 졸도를 할 지경으로 발작적인 반응을 보였다. 부분적으로 마비된, 얼얼한, 흉터가 남은 몸이 주는 기이한 감각을 주체하지 못했다. 나의 개조된 몸에서 어떤 부분은 그곳을 만지면 완전히 새로운 반응을 보였다. 넓은 붕대를 벗겨내고 하루 종일 웅크리고 있었는데 셔츠의 천이 내 피부에 닿는 것을 견딜 수 없었다. 21일 동안이나 웅크리고 있었더니 어깨가 사정없이 아팠다.

이번 주 초에 수술 후 처음으로 샤워를 했다. 눈을 감고 욕조에 들어갔다. 아직 흉터를 볼 용기가 나지 않았다. 등에 물이 닿자마자 꼼짝도 못하고 웅크리고 앉아서 통곡을 했다. 샤워하는 내내 눈을 감고 있었고, 참을성 강한 나의 파트너가 암흑 속에서 나를 꺼내주었다. 샤워실에서 나와서도 다시 붕대를 감을 때까지 눈을 감고 있었다. 눈을 떴을 때에는 흉터를 보지 않을 수 있었다.

수술 후 3주 차가 되었고 지난밤 처음으로 아랫부분 절개 부위를 보았다(유두가 있는 부분을 보는 것은 아직 무리였다). 정말로 괜찮았다. 몰래 보라색과 푸른색 각질을 뜯어냈다. 내 용기에 대한 작은 보답이었다. 몸이 치유와 회복을 거쳐서 스스로를 다시 만들어 가는 능력은 정말 놀랍다. 오늘은 처음으로 티셔츠를 입고 밖으로 나갔다. 연보라색 티셔츠의 앞부분이 납작했다. 이제 똑바로 설 수 있다. 눈을 감고 있었고 엄마가 점프 수트를 입혀주었다. 내가 원하는 만큼 헐렁하게 맞았다.

나는 많은 처음을 경험하고 있다. 첫 번째 접촉, 첫 번째 피부, 첫 번째 샤워, 첫 번째 똑바로 서기. 너무 강력하고 압도적인 과정이라서 매일 한 발자국씩만 앞으로 나가도 엄청난 일처럼 느껴진다. 나는 나 자신과 다른 방식으로 관계를 맺는다. 두렵지만 끌어안을 수 있다. 내가 나 자신 외에는 그 어떤 젠더도 될 필요가 없다는 사실을 깨닫는다. 나는 트랜스일 필요도 없고 논 바이너리일 필요도 없고 어떤 정식 이름도 필요 없다. 나는 해리 스타일스와 스트라이프를 사랑하는 여자 소년이 되기로 한다. 내가 무정형의 존재라는 사실은 나에게도 그 누구에도 중요하지 않다(중요해서도 안 된다). 모든 구분법은 애초에 우리 인간이 만든 것이기 때문이다.

그리고 이 과정은 계속된다.

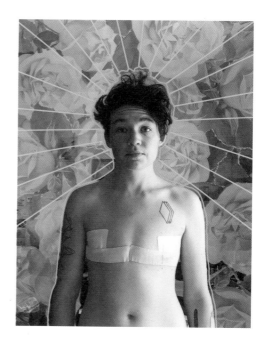

수술의 여정 : 넷째 주

집

2018년 6월 18일

이번 주는 그래도 수월히 지낸 편이다.

그저 내 몸에 편해지고 싶다는 생각 외에 다른 생각은 전혀 하지 않았다. 이제 절개 부위를 만질 수도, 볼 수도 있다. 점점 분홍색으로 변하고 있고, 보드라워지고 있다. 절개 부위는 매일 변하고, 나는 매일 그 전날보다 익숙해지고 다음날의 변화에 놀란다. 병원에서 유두를 너무 멀리 떨어뜨려놓은 것은 아닌지 겁도 나는데(마치 두 유두가 겨드랑이에 붙어 있는 것만 같다), 잘 보면 소년들의 유두도 멀리 떨어져 있다. 유방 아래에는 흉근이라는 것이 있어서, 이것이 경련하고 움직인다는 사실을 알게 되었다. 이 변화가 두렵고 이 과정이 두렵고 후회가 두려우며 아플까봐, 모양이 미울까봐 두렵다. 그러니까 대체로 계속 두렵다. 그러나 당장은 기분이 좋다.

나는 일주일 후에 또다른 큰 변화를 맞게 된다. 5년 반 동안 살던 캘리포니아를 떠나 나의 고향인 노스캐롤라이나로 갈 계획이다.

나의 집 같은 자아와 함께 고향 집으로 돌아간다는 것은 변화의 파도를 타는 것만 같다. 차를 타고 캘리포니아를 떠나 나의 새로운, 오래된 집에 정착하면서 이 모든 감정을 느끼게 될 것이다. 그러나 나는 두 변화를 몇 년 동안 천천히 준비해왔고, 한 주 한 주가 지날 때마다 서서히 확신을 하게 된다. 이사를 할 때에는, 좋아하건 아니건 당신의 자아도 가져갈 것. 적어도 기분은 좋을 테니까.

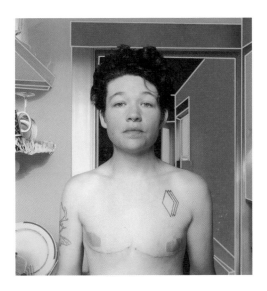

수술의 여정 : 4개월 차

림보

2018년 9월 24일

내 몸이 약간 이상하게 느껴진다. 마음속에서 두 가지 갈등과 오해가 동시에 펼쳐지는 것만 같다. 한편으로는 내가 되고 싶은 사람이 무엇인지, 내가 나를 어떻게 읽고 싶은지를 완전히 이해하지 못하겠다. 다른 한편으로 또다른 나는 다른 사람들이 나를 어떻게 믿고 나를 어떻게 읽어야 할지 모를까봐 걱정한다.

어쩌면 이 과정은 지금 내가 어디로 가는지는 알지 못하지만 전에 있었던 곳에는 있을 수 없다는 사실을 깨닫는 것일지도 모른다. 나는 모르는 사람들에게나 지인들에게나 "아가씨", "여자분" 등으로 불렸고, 그들이 어떤 맥락과 실마리를 토대로 나를 이렇게 읽었는지를 확신하지 못했다. 나는 머리도 짧고, 가슴도 없고, 남성용 옷을 입었다. 우리의 잠재의식 속에서는 젠더를 읽는 방식이 있는 것 같은데, 나를 기분 나쁘게 만들지 않기 위해서(남자분이라고 하면 화낼까봐) 여자분이라고 부르는 건지, 아니면 그저 잠재의식적인 판단이기 때문인지는 모르겠다. 나는 나 자신을 소년이라고 생각하지만 남성이라고도 여성이라고도 생각하지 않는다. 나는 '그녀'를 쓰지만 '여성분'이나 '아가씨'는 쓰지 않는다. 다른 사람들에게 혼란을 준다는 사실 또한 인지하고 있지만, 그래도 상대의 젠더를 정확히 알지 않는 한 지나치게 젠더화된 방식으로 사람들을 대하지 않는 것이 중요하다고 생각한다.

대명사는 영구적이지 않으며 젠더는 시점에 따라서 변화가 일어날 수 있다는 사실을 인식하는 것이 중요하다. 좋은 의도를 가지고 있는 퀴어나 앨라이들도 상대에게 물어보지 않은 채 중성적인 사람이나 남성 쪽에 가까운 사람에게 '그들'이나 '그들을'이라는 대명사를 쓰면 된다고 생각한다. 남성적으로 보이거나 소년으로 정체화한 사람이라고 해서 자동적으로 남성 대명사로 바꾸지는 않는다. 나는 아직도 '그녀/그녀를'을 사용하는데 사람들은 내가 수술 후에 대명사를 '그들/그들을'로 바꿨을 것이라고 가정한다. 해명을 했음에도 계속해서 '그들/그들을'이라고 가정하거나 쓰는 것 또한 미스젠더링이다. 우리는 언제나 물어야 한다.

나의 경험이 모든 이의 경험은 아니라는 것을 안다. 그러나 괜찮다. 사람들은 젠더 대명사에 대한 선호와 정체성에 대해서 주변 사람들과 대화를 나누어야 한다. 그러나 공개적으로 젠더를 바꾼 후에도 미스젠더링을 경험하는 사람으로서 나는 사람들에게 젠더의 한 부분을 바꾸는 것이 그 젠더의 나머지 부분까지 본질적으로 바꾸는 것은 아닐 수도 있다는 사실을 알리고 싶다. 나는 어떻게 하면 여자 소년이 될 수 있는지, 여자분이나 부인이나 여자/남자가 아닐 수 있는지를 알아내려고 하는 중이다. 그리고 만약 한 달 후에 내가 다른 대명사 쪽으로 가게 된다면 어떤 느낌인지도 알고 싶다. 그러나 내가 나를 위해서 답을 알아내려고 하는 동안 당신도 연습을 해주기를 바란다. 젠더화된 방식으로

사람들을 대했는지, 당신이 그들의 젠더를 읽을 수 있다고 생각했었는지 한 번쯤은 고민해주기를 바란다.

마지막 이야기
배움은 끝나지 않는다

젠더, 그리고 젠더의 수만 가지 교차는 감정적으로, 개인적으로, 정치적으로 뜨거운 논쟁을 부르는 주제이다. 어떤 사람들에게는 가장 예민한 부분을 건드리는 주제이고, 격앙된 토론으로 이어지기도 한다. 젠더 때문에 생물학적 가족에게 외면당하기도 하고, 자신이 선택한 가족과 공동체를 만들기도 한다. 어떤 사람들에게는 사형 선고이지만 어떤 사람들에게는 구명 보트이다. 어떤 사람들에게는 힘을 부여하고, 어떤 사람들에게는 힘을 빼앗기는 느낌을 준다.

젠더를 배우는 과정은 끝나지 않는다. 우리의 문화가 젠더를 이해하는 방식은 계속해서 진화하고 있으며, 우리 주변 사람들의 젠더(그리고 우리의 젠더)도 계속해서 변모하고 있다.

망쳐도 괜찮고 틀린 말을 해도 괜찮다. 알고자 하는 마음만 있으면 된다. 주변에서 이름이나 대명사를 바꾼 이들을 처음 경험했을 때 처음부터 매번 잘할 수는 없다. 당신이 솔직하게 노력하는 한 괜찮다(그러니까, 진심

으로 말이다). 앞으로 자신의 대명사나 이름을 바꾼 사람들을 만날 때마다 더 잘 적응하게 될 것이다. 알고 보니 게이인 사람과도 훨씬 편안히 지내게 될 것이다.

언어는 시대에 따라서 변하고 우리 세대에서 사용된 언어가 시대에 뒤처지거나 공격적인 느낌으로 받아들여질 수도 있다("복장도착자"나 "호모섹슈얼" 같은 단어가 그렇다). 현재 더 선호받는 용어가 무엇인지 물어보거나 검색하자. 그리고 공격적으로 느껴지는 그 단어를 방어하려고 하지 말자. 언어는 변한다! 이만하면 깨우쳤다고 생각하는 순간에도 절대 다 깨우치지는 못한다. 의도적이든 아니든 어떤 사람에게는 당신에게 가르칠 무엇인가가 있을 것이다.

우리는 모두 다른 배경에서 태어났고, 이 세상을 이해하는 다른 문화 안에서 성장했다. 다른 교육을 받았고, 다른 사람들에게 둘러싸여 살았으며 다른 연령대에 이 주제들을 탐험했다. 우리가 모두 다른 방식으로 배우고 다른 관심사를 가지고 있다는 사실을 잊

기 쉽다. 무지가 언제나 편견을 의미하지는 않지만 배우려는 의지가 없는 것은 괜찮지 않다.

이런 문제들은 정치적인 분열을 초래할 수도 있고, 일상 생활에서 이런 대화를 나누지 않는 사람들을 소외시킬 수도 있기 때문에 이야기하기가 쉽지 않다. 모든 잘못을 그때그때 지적할 필요도 없고 모든 실수를 따질 필요도 없다. 또한 젠더에 대해서 대화를 해본 적 없는 이들을 무시할 필요도 없다. 지적과 비난이 유대감과 공감을 키우는 가장 효과적인 방법은 아니다.

그러나.

가끔은 분노도 필요하다.
가끔은 양보도 필요하다.

가끔은 우리 자신을 위해서 다른 사람들에게 나쁜 기억을 떠올리게 하는 기폭제가 되거나 어려운 대화를 허가하거나 요청할 수도 있어야 한다. 모든 사람이 안전하게 이런 대화를 할 만한 인내심이나 특권이 있지는 않기 때문에, 우리 중에 그럴 수 있는 사람이 시작해야 한다. 우리가 할 수 있다면(가끔은 정말로 할 수 없을 때도 있다) 다정하고 친절한 방식으로 묻고 마음을 열고 다른 사람들의

경험을 들어야 한다. 상대가 먼저 제안하지 않는 한, 그들이 직접 경험을 했으니 우리들을 가르쳐달라고 강요해서는 안 된다.

이 책을 집필할 때에 가장 어려웠던 점은 온화하게 접근하면서도 상대의 무례하거나 해롭거나 공격적인 행동을 허락하지 않도록 중심을 잡는 일이었다. 개인적으로는 온화함이 언제나 올바른 접근법이라고는 생각하지 않는다. 온화한 미소만으로는 증오와 싸울 수 없다. 그러나 당신이 이 책을 읽을 때 증오와 미움의 장소에서 시작하지는 않았기를 희망한다. 그럼에도 나는 모든 사람이 배우고 깨우칠 때에는 어느 정도는 그것을 망쳐도 될 여유를 허락해야 한다고 생각하고, 우리가 망칠 때에 서로에게 책임을 물을 수 있어야 한다고 생각한다. 책임감은 종종 불편하지만 변화도 그렇다. 틀린 말을 하는 사람들에게 망신을 주기보다는 그 사람을 대화에 참여시키고 자료를 추천해야 한다. 그렇지 않으면 침묵과 수동성, 새로운 관점을 포용하는 것에 대한 저항만 남는다. 나는 사실 굉장히 쉽게 창피해하는 사람이다. 나는 급진적인 퀴어 공동체에 나갔다가 이 분야의 역사를 모르고 언어를 모른다고, 무지하다고, 의견이 다르다고 소외감을 느낀 적이 한두 번이 아니다. 나는 실수 한번으로도 쉽게 위축되는 성격이

기 때문에 때로는 헛발질을 하거나 말실수를 해도 괜찮다고 받아들이기까지는 아주 길고 어려운 감정의 소화 과정이 필요하다. 물론 기분도 끔찍하다. 그러나 우리는 과정 속에서만 성장한다. 우리가 "그건 별로 좋은 말이 아니야"라는 말을 하거나 들을 수 있는 사람이 된다면, 배울 수 있는 순간도 기대 이상으로 많아질 것이다.

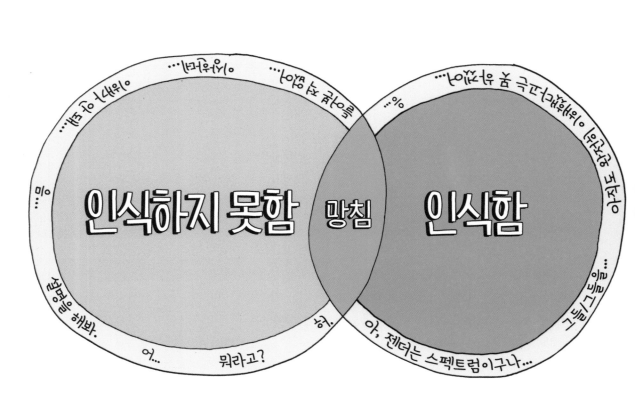

참고 자료 (참고할 자료와 웹사이트)

참고할 만한 책과 논문

벨 훅스의 책을 집어들면 지혜, 통찰, 교차성의 관점을 얻어갈 수 있다. 다음은 나의 추천 도서 목록이다.

- *Ain't I a Woman?: Black Women and Feminism*
- *All About Love: New Visions*(『올 어바웃 러브』, 책읽는수요일, 이영기 옮김)
- *Feminist Theory:From Margin to Center*(『페미니즘 : 주변에서 중심으로』, 모티브북, 윤은진 옮김)
- *The Will to Change: Men, Masculinity, and Love*(『남자다움이 말하는 이상한 거리감 : 페미니스트가 말하는 남성, 남성성, 그리고 사랑』, 책담, 이순영 옮김, 김고연주 해설)
- *Talking Back: Thinking Feminist, Thinking Black*

- *Assata* by Assata Shakur
- *Bad Feminist* by Roxane Gay(『나쁜 페미니스트』, 사이행성, 노지양 옮김)
- *Bastard Out of Carolina* by Dorothy Allison(『캐롤라이나의 사생아』, 이매진, 신윤진 옮김)
- *Between the World and Me* by Ta-Nehisi Coates(『세상과 나 사이』, 열린책들, 오숙은 옮김)
- *Fun Home* by Alison Bechdel(『펀 홈 : 가족 희비극』, 움직씨, 이현 옮김)
- *Gender Outlaw: On Men, Women, and the Rest of Us* by Kate Bornstein(『젠더 무법자 : 남자, 여자 그리고 우리에 관하여』, 바다출판사, 조은혜 옮김)
- *Redefining Realness: My Path to Womanhood, Identity, Love & So Much More* by Janet Mock
- *Sex Workers Unite: A History of the Movement from Stonewall Slutwalk* by Melinda Chateauvert
- *Stone Butch Blues* by Leslie Feinberg
- *The Body Keeps the Score: Writings by Radical Women of Color* edeited by Bessel van der Kolk, MD(『몸은 기억한다 : 트라우마가 남긴 흔적들』, 을유문화사, 제효영 옮김, 김현수 감수)
- *This Bridge Called My Back: Writings by Radical Women of Color* edited by Cherríe Moraga and Gloria Anzaldúa
- *Black Feminist Thought: Knowledge, Consciousness, and the Politics of Empowerment* by Patricia Hill Collins

- *Women, Race, and Class* by Angela Y. Davis
- 논문 *Demarginalizing the Intersection of Race and Sex: A Black Feminist Critique of Antidiscrimination Doctrine, Feminist Theory, and Antiracist Politics* by Kimberle Crenshaw

웹사이트

에브리데이 페미니즘(Everyday Feminism)
everydayfeminism.com

무성애자 가시성 및 교육 네트워크(AVEN, The Asexual Visibility and Education Network)
asexuality.org

트레버 프로젝트(The Trevor Project)
thetrevorproject.org

트랜스젠더 평등 센터(NCTE, National Center for Transgender Equality)
transequality.org

실비아 리베라 로 프로젝트(SRLP, The Silvia Rivera Law Project)
srlp.org

장년 LGBTQ+ 센터(National Resource Center on LGBTQ+ Aging)
lgbtagingcenter.org

람다 리걸(Lambda Legal)
lambdalegal.org

성소수자 부모, 가족, 친구 모임(PFLAG, Parents, Families, and Friends of Lesbians and Gays)
pflag.org

인터섹스 청년을 위한 인터액트 옹호 단체(interACT, Advocates for Intersex Youth)
interactadvocates.org

전미 가정폭력, 트라우마, 정신 건강 센터(National Center on Domestic Violence, Trauma & Mental Health)
nationalcenterdvtraumamh.org

블랙 걸 데인저러스(Black Girl Dangerous)
bgdblog.org

체스트 바인딩 지원소(Resources for Chest Binding)
FtM Essentials : ftmessentials.com/pages/ftme-free-youth-binder-program

리버스 가먼트(Rebirth Garments)

rebirthgarments.com

래드 레머디(Rad Remedy)

radremedy.org

트랜스젠더 유럽(TGEU, Transgender Europe)

tgeu.org

블랙 트랜스 옹호 그룹(Black Trans Advocacy)

blacktrans.org

다시 제다 코빗 협회(Darcy Jeda Corbitt Foundation)

darcycorbitt.org

게이, 레즈비언, 양성애자, 트랜스젠더 상담소(Association for Gay, Lesbian, Bisexual, and Transgender Issues in Counseling)

algbtic.org/therapist-resource-listing.html

포지(FORGE)

forge-forward.org

전미 가족계획 연맹(Planned Parenthood)

plannedparenthood.org

국제 가족계획 연맹(International Planned Parenthood Federation)

ippf.org

전미 식이장애 협회(NEDA,National Eating Disorders Association)

nationaleatingdisorders.org

GLBT 트랜스 10대 온라인 대화방

glbthotline.org/transteens.html

펜웨이 헬스 LGBTQ+ 헬프라인(Fenway Health LGBTQ+ Helplines)

감사의 말

가장 먼저 이 책을 읽어준 독자 여러분께 감사드린다. 나는 이 책을 무엇보다 유대감을 느끼고 이해를 하고 싶어하는 사람들에게 다가가기 위한 마음으로 썼다. 읽어주신 분들께 머리 숙여 인사하고 싶다.

지난 몇 년 동안 이 책을 완성할 수 있게 해준 케이트, 사라, 사하라에게 감사한다. 솔라나는 이 책에 실린 정보의 사실 확인을 도와주었다. 아이디어에 조언을 해준 모든 친구들에게 고마운 마음을 전한다.

퀴어/트랜스로서 자유롭게 이런 책을 쓰는 일을 가능하게 해준, 내 앞에 있던 모든 사람들에게 감사한다. 안전성, 권리, 가시성, 목소리가 들리지 않는 이들의 평등을 위해서 싸우고 있는 용감한 사람들에게 감사한다. 이 여정 중에 나에게 영감을 준 아름다운 소년들에게 감사한다. 다른 이들의 경험을 진심으로 배우기 위해서 노력하고 이해하기 위해서 애쓰는 사람들에게도 감사를 전한다.

옮긴이 후기
꼼꼼한 조사와 풍부한 감정이 조화를 이룬 젠더 입문서

4년 전에 번역한 소설인 니콜라 윤의 『에브리씽 에브리씽』이 영화화된다고 하여 주연 배우들을 검색하다가 아름다운 혼혈 여배우 어맨들라 스텐버그가 자신을 "젠더 논 컨포밍(gender non conforming)이나 논 바이너리" 정체화한다는 문장을 보았다. 당시에는 처음 접하는 낯선 개념이라 뜻을 찾아보아야 했으나 이후 원서나 기사에서 수시로 접하면서 적어도 나에게는 일상 용어가 되었다. 제마 하틀리의 『남자들은 항상 나를 잔소리하게 만든다』를 번역하면서는 트랜스젠더를 지칭할 때 "그들"이나 "그들의"라는 3인칭 복수 대명사를 사용한다는 사실을 처음 알고 번역 강의의 수강생들에게 전해주기도 했다. 『인종 토크』의 이제오마 울루오나 『나쁜 페미니스트』의 록산 게이는 자신을 퀴어 여성이라고 소개하는데, 레즈비언이나 양성애자와 뉘앙스가 어떻게 다른지 고민하기도 했다.

번역을 하지 않을 때에는 미국의 리얼리티 쇼나 다큐멘터리를 찾아보는 편이라 젠더에 관한 새로운 용어나 내용은 계속해서 업데이트가 되었다. LGBT가 LGBTQIA로 길어지기도 하는데 어떤 단어들의 축약어일까. 「루 폴의 드래그 레이스」의 출연자 중에는 이성애자가 있을까. 섹슈얼리티와 섹슈얼 오리엔테이션은 어떻게 다르고 어떻게 번역해야 하지? 성에 무관심하면 무성애자라고 할 수 있을까? 알면 알수록 궁금증도 늘어갔다.

수년간 다수의 페미니즘 서적과 인종 및 사회 문제 텍스트를 번역해온 나는 분명 평균의 한국인에 비해서 젠더 상식이 풍부한 편일 것이다. 그러나 점점 더 다양해지고 복잡하게 느껴지기도 하는 젠더 용어와 개념을 한 번쯤 제대로 정리하고 싶은 생각이 들었고 그때 마침 아이리스 고틀립의 『뷰티풀 젠더』를 번역할 기회를 얻었다.

저자가 "들어가며"에서 젠더가 다분히 추상적인 개념이기 때문에 공통의 언어인 그림으로 표현하고 싶었다고 했는데 분명 이 책의 대담하고도 산뜻한 일러스트는 독자들을 매혹시킬 강점이자 차별점이다. 나 또한 원서를 받고 넘겨보면서 시각적으로도 즐거웠지만 번역하며 저자의 꼼꼼한 조사와 조화롭고 사려 깊은 관점에 여러 번 감탄했다.

저자는 우리가 지금 이 시기에 반드시 알아야 할 젠더 개념인 성별 불쾌감, 에이젠더, 무성애와 젠더 표현 등에 대해서 차근차근 빠짐없이 짚어준다. 쉽고 명확하게 설명하는 데다가 소재 배치와 구성이 아기자기하면서 자연스러워 읽다 보면 어느새 책의 중반부로 향한다. 그 이후로는 젠더를 넘어 미국 사회에서 가장 첨예한 이슈이자 우리 사회 이해를 위해서도 꼭 필요한 핵심적인 인권 논의와 역사적 사건을 하나씩, 빠짐없이 정리해나간다. 구조적 인종주의, 특권, 교차성, 화이트 페미니즘, 노화, 낙태, 미투 운동, 광고에서의 성차별, 식이장애, 스톤월 항쟁 등 참으로 다양하고 폭넓은 주제가 그림과 함께 간결하게 설명되어 있어 그동안 다양한 루트로 접한 토막 상식들을 서랍에 차곡차곡 정리하고 있는 기분을 느끼게 한다.

과학자로서의 장점을 살려 곳곳에 심어놓은 동물 상식도 놓칠 수 없는 재미이며, 마샤 P. 존슨이나 라번 콕스처럼 퀴어 역사에서 중요하지만 생소했던 인물들을 알아가는 기쁨도 크다. 또한 모든 꼭지가 단순한 설명에 그치지 않고 약자와 소수자들을 배려하는 문장으로 끝맺으며 우리의 인권 감수성과 태도까지 점검하게 한다.

마지막 장에서 저자가 유방 절제 수술이라는 신체적 변화의 과정을 사진과 일기로 과감하고 솔직하게 보여준 것은 실로 크나큰 용기이고, 누군가의 용기 있는 내면 고백이 그렇듯 우리의 마음의 빗장을 열게 하고 굳었던 생각을 변화시킨다.

번역 후에 트랜스젠더를 다룬다는 사실만 알고 넷플릭스 다큐멘터리 「디스클로저」를 틀었는데 이 책에서 소개된 라번 콕스 얼굴이 나오는 순간 아는 사람을 만난 것처럼 반가웠다. 「디스클로저」는 할리우드와 방송 매체가 편견을 강화하는 방식으로만 트랜스젠더를 묘사하다가 서서히 긍정적이고 자연스러운, 우리 곁의 한 인간으로 표현하는 과정을 그렸다. 다큐멘터리에서는 아동 인권 운동가인 메리언 라이트 에덜먼이 했다는 이런 말이 나온다. "어린이들은 보는 것만큼 될 수 있다 (Children cannot be what they cannot see)." 그리고 이어지는 인터뷰에서 "아이들만 그런 건 아니에요. 모두가 그래요"라고 한다. 과연 그렇다. 우리는 이 주제에 대해서 지금보다 더 많이 읽고 많이 보아야만 한다.

번역이라는 지난한 작업을 오랫동안 해온 힘이 무엇이냐는 질문에, 영미권의 최신 텍스트를 가장 먼저 접하고 배우면서 생각이 정체되지 않고 발전하는 느낌이 드는 것이라고 답한 적이 있는데 이 책은 그 답의 대표적인 예가 될 것이다. 내가 느낀 배움의 설렘이 독자들에게도 조금이나마 전달되기를 소망한다.

2020년 여름
노지양

인명 색인